With 우리

Wlith 우리

지은이 · 김춘호
초판 발행 · 2017. 12. 5
2쇄 발행 · 2017. 12. 8
등록번호 · 제1988-000080호
등록된 곳 · 서울특별시 용산구 서빙고로 65길 38
발행처 · 사단법인 두란노서원
영업부 · 2078-3333 FAX080-749-3705
출판부 · 2078-3331

책 값은 뒤표지에 있습니다.
ISBN 978-89-531-3022-7 03230

독자의 의견을 기다립니다.
tpress@duranno.com   http://www.Duranno.com

두란노서원은 바울 사도가 3차 전도여행 때 에베소에서 성령 받은 제자들을 따로 세워 하나님의 말씀으로 양육
하던 장소입니다. 사도행전 19장 8-20절의 정신에 따라 첫째 목회자를 돕는 사역과 평신도를 훈련시키는 사역,
둘째 세계선교(TIM)와 문서선교(단행본·잡지) 사역, 셋째 예수문화 및 경배와 찬양 사역, 그리고 가정 · 상담 사
역 등을 감당하고 있습니다. 1980년 12월 22일에 창립된 두란노서원은 주님 오실 때까지 이 사역들을 계속할
것입니다.

With : 우리

미래는 내가 아닌 우리다

김춘호 지음

두란노

지금도 후회하지 않는 결정 :

한국뉴욕주립대학교 설립이라는 미션을 통해 김춘호 총장을 공학자에서 교육자로 이끌어 낸 사람으로서, 나는 지금도 그때의 결정을 후회하지 않는다. 김 총장은 냉철한 공학자임에도 불구하고 늘 가슴 한편에 시대와 나라와 미래를 생각하는 마음을 안고 살아가는 사람이다. 이 사람이라면 우리나라 대학에서 미처 시도해 보지 못한 일들을 해낼 수 있을 것으로 생각했다. 7년이 지난 지금, 한국뉴욕주립대학교의 하루하루는 우리 대학 교육을 새로운 장으로 나아가게 하는 새로운 역사다. 그 7년간의 여정을 생생하게 담은 《With》는 우리 대학이 진정한 글로벌 리더를 키워 내는 데 필요한 가능성과 방법들을 풍성하게 제시하고 있다.

오명_전 부총리 겸 과학기술부 장관

현대판 선한 사마리아인을 키우는 모판 :

한국에는 수많은 대학이 있습니다. 그런데 한국뉴욕주립대학교는 다른 대학들과 다른 점이 몇 가지 있습니다. 죽은 지식을 가르치지 않고 이 시대에 필요한 살아 있는 지식을 가르칩니다. 취직과 성공만 강조하지 않고 창의성과 바른 인성을 중시합니다. 무엇보다 혼자 빨리 가라고 부추기는 세상 가치관을 거부하고 늦더라도 함께 가는 것을 추구합니다. 자신의 이익을 구하는 삶이 아니라 남을 유익하게 하는 현대판 선한 사마리아인을 키우는 모판 역할을 하고 있습니다.

이 책에는 김춘호 총장님이 공학도에서 국책연구원 원장을 거쳐 뜻하지 않았던 대학교 총장이라는 미션을 맡기신 주님의 뜻에 따라 세상에 빼앗긴 다음세대를 성경적 리더로 세우며 고군분투하는 모습이 그려져 있습니다. 또 세상적인 성공을 추구하던 삶에서 주님을 만나 사명 있는 삶으로 바뀐 드라마틱한 간증도 있습니다. 이 책을 통해 혼돈과 예측불허의 세상에서 성경적 가치관으로 무장하고, 미래를 준비하는 혜안을 얻을 수 있습니다. 다음세대를 위해 기도하는 모든 분에게 일독을 권합니다.

이재훈_온누리교회 담임목사

'1등이 되라'는 시대정신을 거스르다 :

'교육은 나라의 백년대계'라고 했습니다. 한 나라의 역사와 미래에 큰 영향을 미치는 교육이 그만큼 중요하다는 말일 것입니다. 100년의 큰 계획을 세우기 위해서는 여러 가지가 구비되어야 하지만, 가장 중요한 것 세 가지를 꼽으라면, 저는 교육철학, 끈기 그리고 맷집이라고 생각합니다.

큰일을 수행하는 자는 우선 교육철학을 가지고 교육의 큰 그림을 제시하며, 교육함에 있어 궁극적인 목적이 무엇인지 끊임없이 고민해야 합니다. 둘째로 교육은 단기간에 효과를 확인할 수 없기에 기다리고 인내할 줄 아는 끈기도 필요합니다. 마지막으로 실패할 때 좌절하기보다 이를 통해 교훈을 찾고 진일보하는 맷집도 있어야 합니다.

그런 의미에서 김춘호 총장님은 기독교 정신을 바탕으로 분명하고 확고한 교육철학을 가진 분입니다. 또 교육 현장에서 아이들과 함께 호흡하며 끈기 있게 그 자리를 지키고 있습니다. 그리고 상당한 맷집을 가진 분으로 알고 있습니다.

저마다 '1등이 되어야 한다'는 시대정신 속에서 '남을 위한 인생이 되자, 다른 사람의 유익을 구하는 삶이 되자'고 주장하는 총장님의 모습은 외로운 투

사처럼 느껴집니다. 힘들지만 옳은 일을 추구하며 긴 시간 그 사명을 몸소 실천하며 살았고, 그 결과 많은 이에게 좋은 영향력을 끼치고 있는 모습만으로도 큰 도전이 됩니다.

이 책은 총장님의 교육철학 저변에 깔린 기독교 정신과 기독교 세계관을 확인하고 적용하는 좋은 자료가 될 것입니다. 한 분야에서 오랜 시간 깊이 있게 고민한 선배의 글을 통하여 그 자세와 태도를 배우는 기회가 되길 바랍니다. 특히 교육 분야에 종사하는 많은 분이 기분 좋은 자극을 받으며, 깊이 있는 통찰력을 얻는 귀한 시간이 되길 바랍니다.

이찬수_분당우리교회 담임목사

미래의 비전을 품고 사는 교육가 :

2017년 가을, 송도 글로벌캠퍼스에 있는 한국뉴욕주립대학교(Suny Korea)를 처음 방문하였습니다. 미국과 이탈리아에 이어 세계에서 세 번째로 패션기술대학교(Fashion Institute of Technology, FIT)를 Suny Korea에 개교하기 위한 축하 자리였습니다. 나는 그때 패션 산업이 미래와 융합하고, Suny Korea—FIT를 통해 한국이 아시아를 넘고 세계에 진출해 세계 패션 업계를 이끌 꿈과, 재능 있는 청년에게 좋은 기회를 제공하리라는 김춘호 총장의 열망을 느낄 수 있었습니다. 미국 본교에 견주어도 손색이 없는 Suny Korea 캠퍼스와 첨단 장비들은 그의 열망을 이뤄 줄 최적의 교육 시스템이라는 것도 확인했습니다.

내가 아는 김춘호 총장은 미래의 비전을 늘 가슴에 품고 살 뿐만 아니라 한국 학생들을 부모의 마음으로 돌보는 교육가입니다. 그의 비전과 신념은 한국의 다음세대와 미래에 좋은 영향력을 끼치리라 확신합니다. 특히 이 책은 김춘호 총장이 교육가로서 가진 철학과 가치관이 Suny Korea에서 어떻게 실현되고 있는지 생생하게 보여 주고 있습니다.

조이스 브라운(Joyce F. Brown)_미국 FIT 총장

나와 같이 모든 일에 모든 사람을 기쁘게 하여

자신의 유익을 구하지 아니하고 많은 사람의 유익을 구하여

그들로 구원을 받게 하라

–

고린도전서 10:33

1부 Mission.

맡길 때 하나님이 일하신다

밑 빠진 독에
기쁘게 물 붓기

최근 한 여론 조사 기관에서 청년들에게 자기 미래에 관한 전망을 물었습니다. 그런데 부모보다 잘살 수 있을 것으로 믿는 청년은 10명 중 2명 남짓뿐이었습니다. 대부분이 부모 세대보다 못살 것 같다고 대답했습니다. 1등이 되라고 가르쳤는데, 아이들은 사회 맨 밑바닥에서 살아가는 비정규직 세대로 전락했습니다. 더 많이 가지라고 대학에 보냈지만, 직장을 얻지 못해 돈이 없고, 돈이 없다 보니 결혼도 못하고 자녀도 낳지 못하는 7포세대가 되어 성년이 되어서도 부모에게 의탁해 살아갑니다. 그런 청년들이 갈수록 늘고 있습니다. 대체 무엇이 잘못된 것일까요?

나는 한때 정치하려고 마음먹었던 적이 있습니다. 정치적인 힘으로 세상을 바꾸고, 특히 우리나라 과학계의 구태의연한 연구 풍토를 바꾸고 싶다는 열망이 있었습니다. 당시 대덕연구단지가 내게는 '지독한 매너리즘의 늪'처럼 보였습니다. 국책연구기관의 성과가 날로 후퇴하는 것은, 연구자들의 능력 부족 때문이라기보다는 시대 변화를 거부하거나 한계를 극복하려는 의지가 부족하기 때문이라고 생각했습니다. 나는 그들이 생각의 한계를 깨고, 열정과 노력과 융합으로 전진하도록 정치적으로 돕고 싶었습니다. 때마침 정치권의 러브콜이 있었지만, 주님이 내 발길을 막으셨습니다.

교수가 될 기회도 여러 번 있었습니다. 그런데 확실해 보였던 기회가 번번이 날아가 버리곤 했습니다. 마치 주님이 내 앞에서 크신 손으로 막으시며 '그 길이 아니다'라고 말씀하시는 것만 같았습니다. 모교인 서강대학교의 교수 초빙마저도 어이없는 이유로 무산되자 마음을 접었습니다. 주님이 막으시는 데는 그럴 만한 이유가 있으리라고 생각했습니다.

그런데 어느 날 주님이 나를 대학 캠퍼스로 부르시더니, 건국대학교 부총장을 거쳐 지금은 한국뉴욕주립대학교 총장으로 일하게 하셨습니다. 갑작스러운 변화에 두려움을 느낀 나는, 어린 사무엘처럼 나를 이곳으로 보내신 주님의 뜻이 무엇인지 묻지 않을 수 없었습니다. 대학은 20년에 걸친 교육을 완성하는 최종 및 최고의 교육기관입니다. 그런 대학에서 총장을 맡게 되면서 나는 우리나라 교육에 관해 많은 고민을 하게 됩니다. 더구나 우리나라처럼 대학 진학률이 높은 나라는 지구 상에 거의 없습니다. 그럼에도 불구하고, 대학이 우리 사회의 리더를 제대로 길러 내지 못하는 이유가 무엇일까요? 본질에서 벗어나 있기 때문입니다. 대학 발전은 학생들의 발전에 달려 있습니다. 그러므로 대학의 모든 전략과 경영의 수혜자는 미래 대한민국과 그 주인인 학생이어야 합니다. 하지만 많은 대학이 대학 자체의 발전을 우선시함으로써 학생들은 대학을 떠받치는 도구로 전락해 버렸습니다.

시대마다 사람들의 존경을 받은 가정은 공통적으로 자녀들에게 우리와 다른 가치를 전해 주려고 애썼습니다. 그들은 자녀에게 원하는 목표에 다다르려면, 혼자 빨리 가는 것보다 좀 더디더라도 함께 가는 편이 낫다고 가르칩니다. 많이 갖는 것보다 많이 나누는 것이 더 행복하다고 가르칩니다. 이웃의 불행이 언젠가는 내 불행이 될 수 있음을 가르치고, 이들과 시간과 마음을 나누며 함께 살아가는 것이 지혜롭고 아름다운 삶이라고 가르칩니다.

이러한 참교육의 본질을 우리나라는 이미 교육법에서 담은 바 있습니다. 대한민국 정부 수립 이후 약 1년 뒤인, 1949년 12월 31일에 제정된 교육법 제1조에 교육 목적에 관해 다음과 같이 명시하고 있습니다.

"교육은 홍익인간의 이념 아래 모든 국민으로 하여금 인격을 완성하고 자주적 생활 능력과 공민으로서의 자질을 구유하게 하여 민주 국가 발전에 봉사하며 인류 공영의 이념 실현에 기여하게 함을 목적으로 한다."

그런데 교육법이 제정된 때보다 국민소득이 300배 이상 높아지고, 자타가 인정하는 선진국 대열에 오른 지금, 우리는 교육을 통해 이루고자 했던 위대한 이상을 잊고 말았습니다. 성경은 무슨 일을 하든지 하나님의 영광을 위해 하라고 말합니다.

> ³¹그런즉 너희가 먹든지 마시든지 무엇을 하든지 다 하나님의 영광을 위하여 하라 ³²유대인에게나 헬라인에게나 하나님의 교회에나 거치는 자가 되지 말고 ³³나와 같이 모든 일에 모든 사람을 기쁘게 하여 자신의 유익을 구하지 아니하고 많은 사람의 유익을 구하여 그들로 구원을 받게 하라 고린도전서 10:31~33

이것이 바로 믿는 자들과 교회가 해야 할 일입니다. 또 미래 세대의 교육을 맡은 자가 해야 할 일이기도 합니다.

그러면 어떤 것이 하나님의 영광을 위한 일일까요? 그 답이 고린도전서 10장 33절에 나옵니다. 바로 '자신의 유익이 아닌 많은 사람의 유익'을 구하는 것입니다. 그것이 하나님께 영광을 돌리는 것이라고 말씀합니다. 우리가 다른 사람의 유익을 위해 살면, 세상이 우리를 보고 하나님께 영광을 돌리며 예수님께로 돌아와 구원을 얻을 것이기 때문입니다.

나의 평생소원은 그처럼 다른 사람의 유익을 구하는 삶을 사는 것이며, 또한 그런 가치를 추구하는 대학 문화를 만드는 것입니다. 어쩌면 이것은 '밑 빠진 독에 물 붓기' 같은 일인지도 모릅니다. 하지만 나는 그것이 전략이라고 말합니다. 마르지 않는 기쁨과 능력의 샘이신 주님이 함께하시기에 밑 빠진 독에 물 붓기가 여간 신나지 않기 때문입니다.

2017년 11월

김춘호

맡길 때

하나님이
일하신다

뜻밖의
미션

10년 가까이 국책연구원 원장으로 일한 뒤, 대학 행정이라는 낯선 영역에 첫발을 디뎠습니다. 주님이 보내신 곳이니만큼 주님을 섬기듯 대학과 학생들을 섬겨야겠다는 마음뿐이었습니다. 그래서 건국대학교 부총장으로서 맡겨진 일에 최선을 다했습니다.

2007년 어느 날 당시 건국대학교 총장으로 재임 중이던 오명 전 부총리가 내게 뜻밖의 미션을 주었습니다.

"김 부총장, 한국에 미국 대학을 유치해야겠는데, 미국 대학들이 워낙

까다로워서 움직이질 않는군요. 내 모교인 뉴욕주립대학교 스토니브룩(State University of New York at Stony Brook) 캠퍼스를 유치하면 좋겠는데, 당신이 좀 맡아서 해 주지 않겠소?"

미국 대학의 국내 유치는 전례가 없던 일이기에 당황스러웠지만, 스토니브룩대학이라면 한번 해 볼 만하다고 생각했습니다. 왜냐하면, 전자부품연구원(KETI) 원장 시절에 한국을 방문한 스토니브룩대학 총장과 MOU(양해각서)를 맺고, 몇 년간 교류해 본 적이 있었기 때문입니다. 오명 전 부총리도 그 사실을 알고, 내게 부탁했던 것입니다. 낯선 영역이었지만, 뉴욕주립대학교 한국 캠퍼스(State University of New York in Korea, SUNY Korea) 유치에 착수했습니다.

대학 유치를 위해 우선 미국 대학 측과 MOU를 체결해야 했습니다. 그런데 이는 만만치 않은 미션이었습니다. 뉴욕주립대학교(State University of New York, SUNY)는 뉴욕주 안에 64개 캠퍼스를 운영하고 있는데, 스토니브룩대학은 그중 하나입니다. SUNY에는 전 캠퍼스를 총괄 관리하는 총장(chancellor)과 각 캠퍼스의 운영과 책임을 지는 캠퍼스 총장(president)이 있습니다. 우리나라에 SUNY 캠퍼스를 유치하려면, 우선 총괄 총장과 스토니브룩대학 총장, 두 사람의 허가가 필요했습니다.

또 캠퍼스 개설과 운영에 관한 모든 것을 정확하게 법으로 정하고 서로의 책임과 권리를 결정하기 때문에, 이 과정도 만만치 않게 피곤했습니다. 게다가 SUNY 내에서도 한국에 캠퍼스를 설립하는 것을 반대하는 사람들이 많았습니다. 2년 반 동안 온갖 고생과 어려움을 겪은 끝에 미국 측과 MOU를 체결했습니다.

이제 한국에 대학 설립을 위해 '설립 준비 총장'을 세워야 했는데 오명전 부총리가 내게 총장 제안을 했습니다. 처음에는 많이 망설였습니다. "Why me, God?" "하나님, 왜 저입니까?"라는 질문이 터져 나왔습니다. 미국 대학의 총장이니만큼 영어로 모든 일을 처리해야 할 텐데, 나는 한마디로 영어 울렁증이 있는 사람입니다. 미국에서 박사 학위를 따자마자 귀국했던 이유 중의 하나가 바로 영어 때문이었습니다. 그때는 영어로 먹고사는 게 정말로 싫었습니다. 당시 미국에서 가장 인기 있던 〈자니 카슨 쇼〉(Johnny Carson Show)를 보고 한 번도 웃어 본 적이 없습니다. 그들의 영어 농담에 영원히 웃지 못할 것 같았습니다. 그래서 박사 과정 2년째부터 한국에 돌아올 꿈만 꾸었던 나입니다.

하나님께 또 여쭸습니다. "하나님, 우리나라에는 서울대, 연대, 고대 등 좋은 대학이 이미 많은데, 왜 군이 뉴욕주립대를 들여와야 합니까?" 묻고 또 물은 끝에 두 가지 답을 얻었습니다. 우선 개발도상국의 젊은이들이 떠올랐습니다. 우리나라도 가난한 나라였지만, 지금은 개발도상국에서 가장 본받기 원할 만큼 잘사는 나라가 되었습니다. 지구촌에서 받은 사랑의 빚을 갚기 위해서라도 개발도상국의 학생들을 공부시키고 키워야겠다는 마음이 들었습니다. 또 하나는 빠르게 변화하는 시대에 발맞추어 시대에 맞는 실력을 갖춘 인재를 키우는 학교를 만들어 보자는 생각이었습니다.

2010년 봄, SUNY Korea 설립 준비 총장 자격으로 국제도시 송도에 첫발을 디뎠습니다. 기분이 묘했습니다. 대학 부총장이었던 내가 50세 넘어서 국내 최초로 설립되는 미국 대학 캠퍼스의 총장을 맡아 허허벌판에 서게 되었기 때문입니다. 실제로 당시 송도는 지금과 같은 국제도시의 면모를 갖추기 전이라 공터가 많았는데, 마치 하루아침에 애굽에서 광야로 끌려나온 듯한 기분이었습니다.

내게 주어진 미션은 단 하나였습니다. '미국 대학을 국내에 유치하기.' 최초의 시도였습니다. 주님이 함께하시리라는 믿음으로 곧 일에 착수했습니다.

대학 설립을 위해 세세한 업무를 맡아 줄 믿을 만한 사람이 필요했고, 필요한 자금도 구해야 했습니다. 그래서 생각해 낸 것이 연구소 유치였습니다. 당시 인천경제자유구역에 연구소를 유치하면, 정부에서 매년 20억씩 5년 동안 100억을 지원해 주기로 했기 때문입니다. 송도 갯벌 타워에 조그만 사무실을 하나 얻고, 평소에 눈여겨봤던 김경훈 씨를 동역자로 영입해서 둘이 일하기 시작했습니다.

한국에 미국 대학을 유치하는 일은 상상 이상으로 복잡한 일이었습니다. 무엇보다 전례가 없다 보니 행정 부처를 비롯한 관계 부처의 의사 결정에 오랜 시간이 걸렸습니다. 교육과학기술부(현, 교육부)에서 미국 대학의 국내 캠퍼스 설립 허가를 받는 일은 마치 낙타가 바늘구멍을 통과하는 것처럼 불가능해 보이기만 했습니다. 그 외에도 넘어야 할 수많은 난관과 헤쳐 나가야 할 문제들이 눈앞에 보였습니다.

이런 상황에서 내가 할 수 있는 일은 최선을 다해 일한 뒤 기도하는 것뿐이었습니다. 피가 마르는 듯한 상황에서 기도하며 주님이 주실 지혜를 목마르게 기다렸습니다. 그렇게 일 년 같은 하루하루가 지나갔습니다. 마침내 학교 설립을 본격 추진한 지 2년 만인 2011년 7월, SUNY Korea 대학원 과정의 교육부 승인을 받았습니다.

다음세대를 위한 교육의 방주와도 같은 SUNY Korea를 내 손으로 짓게 하셨으니 이제부터 하나님의 청지기로 섬겨야 했습니다. 그 사실을 깨닫는 순간, 나는 걷잡을 수 없는 감동과 함께 하나님과 대면하고 있는 듯한 두려움을 느꼈습니다. 그리고 내 마음속의 뭔가가 선명해지기 시작했습니다. 나를 이끌어 오신 주님의 손길이 있었음을 깨달았습니다. 내가 주님을 만나기 훨씬 전부터 주님은 나를 향한 계획을 가지고 계셨고, 오랜 계획에 따라 나를 준비시켜 오셨던 것입니다.

특별 대우를
받던
어린 시절

　나는 믿음이 없는 가난한 가정에서 3남매 중 맏이로 태어났습니다. 딸을 천시하고 아들을 중시하는 유교적 전통이 강한 집안에서 특별 대우를 받으며 자랐습니다. 아들인 내가 밥을 먹고 나야 두 여동생이 밥을 먹을 수 있을 정도였습니다.

　어린 시절, 바나나는 부유한 집에서나 먹을 수 있던 귀한 과일이었는데, 부모님이 아들인 내게 만큼은 그 비싼 바나나를 가끔 사 주었습니다. 구로동 판자촌에 살았지만, 초등학교에서 안경을 맨처음 써 본 학생도 나였습니다. 다른 반 아이들이 내가 쓴 안경을 구경하러 몰려들 만큼 물자가 귀한 시절이었는데 말입니다.

부모님의 사랑과 기대를 한 몸에 받으며 자란 탓에 나는 늘 우월감에 차 있었습니다. 결과적으로, 자존심이 강하고 자기중심적이며 남을 앞질러야만 직성이 풀리는 성격의 소유자로 자랐습니다.

학교 성적은 언제나 1등이었고, 반장은 당연히 내 몫인 줄 알았습니다. 권위적인 성격이 강한데다 싫어하는 아이와 좋아하는 아이가 분명해서, 반장인 내 말을 잘 듣지 않는 아이가 있으면 가차 없이 그에 상응하는 대가를 치르게 하곤 했습니다. 선생님께 고자질해서 옥수수빵 급식을 못 받게 했던 것입니다. 배고픈 시절에, 가난한 동네에서 아이들에게 그것만큼 무서운 형벌은 없었습니다. 그처럼 철없는 짓을 하긴 했지만, 리더십을 인정받는 인기 많은 반장이었던 것 같습니다.

1학년부터 5학년까지 반장을 한 덕분에 타고난 수줍음을 극복하고, 사람들의 마음을 움직이는 훈련을 받을 수 있었습니다. 반장을 계속하고 싶어서 공부를 열심히 하다 보니 중학교 2학년 때까지 1등을 거의 놓친 적도 없었습니다.

아버지는 이북 철원 출신으로 한국 전쟁 때 월남하여 독학으로 공고를 나온 전형적인 실향민이었습니다. 공부 잘하는 똑똑한 아들을 보며 살맛을 느끼신 아버지에게 나는 전부이자 희망이고 미래였습니다.

부모님과 선생님은 명문인 경기고등학교 진학은 '따 놓은 당상'이라며 기대가 높으셨습니다. 과거에는 고등학교에 진학할 때 대학 입학처럼 시험을 치러야 했습니다. 그때 어른들이 기대했던 대로 내 인생이 풀렸더라면, 아마도 지금쯤 전혀 다른 길을 걷고 있을지 모릅니다.

하지만 중학교 2학년 겨울에 여자 친구를 사귀면서 사춘기를 심하게 앓았습니다. 그렇게 재밌어하던 반장 노릇도, 열심히 하던 공부도 재미가 없어졌습니다. 방황 속에 1년이 빠르게 지나갔고, 따 놓은 당상인 줄 알았던 경기고등학교 진학에 실패하고 말았습니다.

특별한 존재인 줄로만 알았던 내가 시험에 떨어져서 후기 고등학교에 진학하게 되었으니, 내게도 부모님에게도 청천벽력 같은 사태가 아닐 수 없었습니다. 뒤늦게 후회하고 원망해 봤자 소용없었습니다. 모든 게 내 잘못이라는 자책감과 실망감에 힘들고 괴로웠습니다. 그러면서 사람이 완전히 달라져 버렸습니다.

고등학교 2학년 2학기 때 수학여행 가서 처음 술과 담배를 배웠고, 부모님과 선생님의 눈을 피해 친구의 하숙집을 아지트 삼아 놀기 좋아하는 친구들과 몰려다녔습니다. 초등학교 때부터 갈고닦은 리더십을 유감없이 발휘했습니다. 내가 그 친구들의 리더인 것을 알게 된 하숙집 아주머니가 "학생들이 하라는 공부나 하지 왜 술과 담배를 해?" 하며 꾸짖기도 했습니다. 안타까운 마음에 짐짓 엄하게 말씀하던 그분의 표정과 음성이 지금도 생생합니다.

그런데도 나는 여전히 될 대로 되라는 식으로 살았습니다. 요즘 같으면 결국 대학 문 근처에도 못 갔을 테지만, 다행히 그때는 본고사가 있었습니다. 국어, 영어, 수학 등 주요 과목만 잘하면 다른 과목 성적이 안 좋아도 대학에 들어갈 수 있는 제도였습니다. 그 덕분에 원래 가고 싶었던 대학은 아니었지만, 지원한 대학에 겨우 합격할 수 있었습니다.

11년간
교회만
왔다 갔다 하다

유아독존에 안하무인으로 살던 내게 또다시 청천벽력 같은 일이 벌어졌습니다. 대학에 들어가자마자 아버지가 돌아가신 것입니다. 하루아침에 가정을 책임져야 하는 가장이 됐습니다. 그런데 그처럼 절박한 상황에서 강한 의지와 리더십이 뜻하지 않게 빛을 발했습니다. 어머니와 두 여동생을 먹여 살려야 하는 만만치 않은 현실을 겁 없이 받아들였던 것입니다.

참으로 기막힌 변신이 시작되었습니다. 방탕한 생활을 접고, 생계를 책임지기 위해 건실한 생활인이 되었습니다. 술과 담배를 즐기는 건 여전했지만, 상위권 성적을 유지할 만큼은 공부를 열심히 했습니다. 그러면서도 과외와 학원에서 가르치는 일로 생활비를 벌었습니다. 심지어 집도 지어 팔았습니다. 당시 판자촌이었던 거여동에 분수가 있는 초호화 주택을 짓기도 했고, 또 미개발 지역이던 둔촌동에 이층집을 지어 팔기도 했습니다.

그즈음 아내를 만났습니다. 아내는 파이프오르간을 전공하고 음악을 가르치며 교회에서 예배 반주를 하던, 단정하고 말이 없는 여자였습니다. 그녀의 얼굴에는 말로 형언할 수 없는 평안과 기쁨이 늘 깃들어 있었습니다.

내가 교회를 처음 간 것은 대학교 3학년 때였습니다. 그 당시 고교 동창 중 한 명이 본인의 대학 졸업 선물로 자기가 다니는 교회에 한번 와 달라고 했습니다. 그래서 친구 따라 처음 교회를 나갔는데, 이동원 목사가 섬기던 교회였습니다. 그 이후로 당시 교제 중이던 지금의 아내가 다니던 교회를 같이 다니게 되었습니다. 물론 예배나 기도를 드리기 위해서 간 것은 아니었고 그녀를 만나기 위해서였습니다.

믿음에 관해서는 전혀 몰랐지만, 사는 것이 무척이나 힘들었던 내게 그녀가 가진 평안과 안정감은 기대고 싶을 만큼 간절한 것이었습니다. 그녀를 만나면서부터 내 마음속에 가득했던 허무감과 불안감이 조금씩 사라지는 것을 느꼈습니다.

그러면서 방탕한 생활을 하느라 잃어버린 시간을 만회하기 위해서 유학을 결심하게 되었습니다. 25세에 결혼하여 미국 존스홉킨스대학교 (Johns Hopkins University)로 유학 떠나기 전에 그동안 집을 지어서 번 돈을 모두 어머니께 드렸습니다. 어머니와 여동생들이 5년은 버틸 수 있을 만큼의 적지 않은 금액이었습니다. 정작 내게 남긴 돈은 2천 달러뿐이었습니다. '죽으면 죽으리이다' 하는 심정이었습니다.

하지만 유학 생활이 어떤지 모르고 간 게 천만다행이었습니다. 만일 알았더라면, 내 성격에 절대로 가지 않았을 것입니다. 미국에서 공부하는 5년 내내 죽을 만큼 고생했습니다. 1972년 유신헌법이 선포된 이후, 대학가에는 시위가 끊이질 않았고, 학교는 문 여는 날보다 닫는 날이 더 많았습니다. 그 시절에 나는 치열하게 공부해 보지 못했고, 공부가 적성에도 맞지 않았습니다. 게다가 대학을 졸업하자마자 곧바로 유학을 떠났기 때문에 미국 대학의 수준 높은 강의를 따라가기가 너무나 벅찼습니다. 그동안 공부하지 않은 것이 뼈에 사무칠 정도로 후회됐습니다.

결혼도 했고, 집안을 일으켜야 한다는 책임감에 죽도록 공부했지만 미국 대학에서 박사 학위를 따는 것은 거의 불가능한 지경이었습니다. 기댈 곳 없는 낯선 땅에서, 그동안 전혀 몰랐던 내 한계를 발견하고는 처음으로 두려움을 느꼈습니다.

절망감에 빠져 있던 나는 그때부터 신앙에 관심을 갖게 되었습니다. 한인 교회에서 예배 시간에 아내는 반주자로, 나는 성가대원으로 섬겼습니다. 아내를 따라 교회에 다닌 지는 오래됐지만, 그때도 신앙심이라고는 없었습니다. 가정예배를 드리고 나서 유학생이나 교민들과 술 한잔하는 것을 당연하게 여길 정도였습니다.

그러다가 박사 자격시험을 보는 날이 되었습니다. 내 평생에 그렇게 떨어 본 적이 없습니다. 아내가 집에서 나를 위해 기도할 것을 알기에 나도 간절한 마음으로 기도하고 시험장에 들어갔습니다. 하지만 예상했던 것처럼 시험은 어려웠습니다. 정신없이 시험을 치르고 나올 때, 나는 지도교수가 무슨 생각을 하고 있을지 안 봐도 알 것 같았습니다.

당시 지도교수가 내게 학위를 주지 않는다고 해도 아무 변명을 할 수 없을 만큼 내 시험 결과는 형편없었습니다. 하지만 그는 가난한 나라에서 온 적극적이고 쾌활한 성격의 청년에게 선의를 베풀기로 했습니다. 그 덕분에 나는 만 28세에 박사 학위를 취득할 수 있었습니다. 아내는 하나님의 은혜라고 말했지만, 나는 그저 운이 좋았다고 여겼고, 교수와 친하게 지낸 효과가 있구나 하고 착각했습니다.

그 시절에 아내가 말 못할 고생을 많이 했습니다. 기분 좋은 일이 생기면 남들과 즐거움을 나누곤 하는 남편이, 힘든 일이 생기기만 하면 아내에게 화풀이를 해대니 얼마나 힘들었겠습니까? 그런데도 믿음이 깊은 아내는 묵묵히 참으며 나를 위해 눈물로 기도해 주었습니다.

세상 때를 벗기고
새로
반죽하시다

박사 학위를 취득한 뒤에 한국으로 돌아왔습니다. 그리고 곧바로 대덕
연구단지에 있는 한국동력자원연구소(현 한국에너지기술연구원)에 들어갔습
니다. 나는 연구소에서 제일 젊고 능력 있는 박사가 되었습니다. 그때는
젊은 박사가 외부에서 소위 돈 되는 프로젝트를 따내는 일이 거의 없었
습니다. 그런데 나는 프로젝트를 곧잘 따냈고, 일 처리도 시원하게 잘한
다는 평가 덕분에 진급이 빨랐습니다. 이공계 박사들 사이에서는 상당히
튀는 인물이었습니다.

그렇지만 신앙이 없던 탓에 문제를 많이 겪었습니다. 상사들은 나를 좋아했지만, 동료나 후배들 중에는 지독한 우월감을 가진 나를 불편해하고 싫어하는 이들이 많았습니다. 돈 한 푼 없어 연구원에서 제공한 아파트에 살았으나, 당시 젊은 연구원들은 엄두도 못 내는 자가용을 끌고 다녔습니다. 그래서 박사가 되고 취직도 했지만, 30대 중반이 되도록 가진 게 없었습니다. 산다는 것이 점점 힘들게 느껴졌고, 두려움이 엄습해 왔습니다.

　그때도 아내를 따라 대전의 작은 개척 교회에 다니고 있었습니다. 하지만 공학을 전공한 사람이라 복음이 여간해서는 귀에 들어오질 않았습니다. 처녀가 애를 낳았다는 터무니없는 말을 공공연하게 하고, 그것을 믿는 사람들이 더 이상해 보였습니다.

　그러던 어느 날, 집으로 가는 길에 천막교회에서 엄청나게 많은 사람이 쏟아져 나오는 것을 보고 '대체 어떤 목사이기에 천막에도 사람들이 저렇게 많이 몰리나' 하고 의아해했습니다. 며칠 뒤, 먼 친척 형님 집에 놀러 갔는데, 마침 그날 형님 집에서 성경공부 모임을 하고 있었습니다. 그래서 어쩔 수 없이 성경 공부 모임에도 같이 참석하게 되었는데, 그때 성경 공부를 인도하시던 분이 바로 천막교회에서 목회하던 장경동 목사였습니다. 모임에 참석한 지 한 시간도 채 안 되어서, 말씀을 듣다가 내 모든 의식과 자아가 말씀 앞에 완전히 깨져 버리는 사건이 일어났습니다. 그때 하나님의 말씀이 날 선 검처럼 내 혼과 영을 찔러 쪼개시는 것을 체험했습니다.

하나님의 말씀은 살아 있고 활력이 있어 좌우에 날 선 어떤 검보다도
예리하여 혼과 영과 및 관절과 골수를 찔러 쪼개기까지 하며 또 마음
의 생각과 뜻을 판단하나니 **히브리서 4:12**

유학가기 전에 1년, 미국에서 5년, 다시 한국에 돌아와서 5년 그렇게
11년간 가정의 평화를 위해 매주 교회에 다녔지만, 내 생각이나 행동은
달라지지 않았고, 내 삶은 도무지 변한 것이 없었습니다. 그러니 성령님
의 존재를 알 리가 없었습니다. 그랬던 내가 성령 설교를 듣고, 성령 체
험을 한 뒤 복음 앞에 무릎을 꿇게 된 것입니다.

그날 이후 나는 완전히 딴사람이 되었습니다. 고등학교 때부터 계속해
온 술과 담배도 완전히 끊었습니다. 그동안 담배를 끊으려고 몇 번이나
노력했지만 번번이 실패했었는데, 복음에 감동 받고 칭의로 의인 된 것
을 깨닫자 술과 담배가 저절로 끊어진 것입니다. 뿐만 아니라 성령 체험
이후에 아내가 너무 고맙게 느껴져서 아내를 더욱 사랑과 존중으로 대하
게 되었고, 내 내면의 새로운 인격의 변화가 시작되었습니다. 또한 이때
부터 나는 참된 삶의 의미와 가치관, 그리고 인생의 목적에 대한 깊은 고
민과 묵상을 하게 되었습니다. 지금 생각해 보면 참으로 감당하기 어려
운 은혜가 아닐 수 없습니다.

공학자, 선교사의 심장을 갖다

　우리는 하나님을 엄청 바쁘신 분으로 여길 때가 많습니다. 유명 목사의 집회나 세계 선교지에서 놀라운 기적을 일으키느라 바빠서 내 기도와 삶에는 관심이 없으신 분으로 생각하기 쉽습니다. 그런 생각에 빠져 있으면, 믿음은 한없이 약해지고 흔들립니다.

　나는 무려 11년간이나 그런 생각에 젖어 있었습니다. 교회에서 하는 모든 좋은 말과 축복과 기적과 이적이 내 삶과는 전혀 상관없는 먼 이야기였을 뿐입니다. 그런데 성령님을 만나자 내 삶이 새롭게 시작됐습니다.

성령 체험을 한 지 2년째 되던 1993년 한국전문인선교훈련원(Global Professional's Training Institute, GPTI)에서 선교사 훈련을 받았습니다. 선교 사명에 관해 듣고 가슴이 뜨거워져서 무턱대고 선교사로 자원했던 것입니다. 하지만 훈련에 들어가서 엄청 고생했습니다. 일단 말씀을 외우지 않으면 밥을 먹을 수가 없었습니다. 읽어야 할 책도 엄청나게 많았습니다. 도중하차하고 돌아가는 사람들이 생겨나기 시작했지만, 내게는 일단 시작한 것은 무슨 일이 있어도 끝내는 은사가 있었습니다.

덕분에 선교사 훈련을 무사히 끝냈는데 더 큰 문제가 닥쳤습니다. 막상 선교사로 나갈 자신이 없었던 것입니다. 훈련받을 때는 주님이 가라고 하시는 곳은 어디든지 가고, 하라고 하시는 일은 무엇이든지 하겠다는 심정이었지만, 현실적으로 두려움이 앞섰던 것입니다.

무엇보다도 이미 익숙할 대로 익숙해져 있는 현대 문명의 편리를 포기해야 할지도 모른다는 점이 가장 두려웠습니다. 나는 냉장고가 없는 곳에서는 살 수 없는 사람입니다. 자동차가 없는 삶은 상상해 본 적도 없었습니다. 과연 그런 내가 선교사가 될 수 있을지 자신이 없었습니다.

절박한 심정으로 주님 앞에 내 부족함을 솔직히 고백했습니다.

"주님, 아무래도 저는 선교사가 되지는 못할 것 같습니다."

다시는 주님을 향해 고개를 들 수 없을 것 같은 부끄러움에 눈물 흘리며 기도하는데, 문득 이런 말씀이 들려오는 듯했습니다.

"내가 언제 너더러 선교사가 되라고 했느냐? 지금 있는 곳에서 내가 네게 보내는 이웃들을 섬기면 되지 않겠느냐?"

그날, 나는 실로 놀라운 진실에 눈을 뜨게 됐습니다. 창세전에 이미 나를 위한 계획을 세우셨던 하나님이 지금의 영역으로 나를 인도하신 것이라면, 내가 일하는 바로 그곳이 선교지임이 분명했습니다. 주님의 계획과 정확한 방법과 때는 여전히 알 수 없었지만, 주님이 어떤 분명한 목적으로 내게 선교사의 심장을 주셨다는 사실을 두려움 가운데 깨달은 것입니다.

오직 성령이 너희에게 임하시면 너희가 권능을 받고 예루살렘과 온 유대와 사마리아와 땅끝까지 이르러 내 증인이 되리라 <u>사도행전 1:8</u>

성령님이 임하시면 모든 것이 달라집니다. 성령님의 눈으로, 예수님의 눈으로 나 자신과 가족과 친구와 이웃과 시대를 보게 되기 때문입니다. 이전에 중요했던 것들이 하찮게 느껴지고, 이전에 전혀 관심 없던 사람들이 눈에 들어옵니다. 그렇게 하나님의 종이자 자녀인 나, 예수님의 친구인 나의 정체성을 발견해 가기 시작합니다. 그러면 하나님이 일을 시작하십니다. 그때가 바로 성경에서 말하는 하나님의 때입니다.

드디어 내게도 그런 순간이 왔습니다. 선교사 훈련을 마치고, 연구소 일에 전념하고 있을 즈음에 대덕연구단지에 러시아 과학자들이 몰려오기 시작했습니다. 소련 공산 체제의 붕괴와 함께 대외 교류의 문이 활짝 열린 것입니다. 그즈음 중국 유학생들도 늘어나기 시작했습니다.

그들에게 복음을 전하기 위해 선교사 훈련을 마친 두 사람과 중보기도를 하기 시작했습니다. 몇 개월 뒤에, 그 결과물로 국제과학기술자선

교회(Scientists & Engineers Ministries, SEM)가 탄생했습니다. 그때 하나님이 얼마나 속도감 있게 일하셨는지를 지금도 생생하게 기억하고 있습니다. 10을 놓고 기도하고 계획하면, 하나님은 100으로 채워 주셨습니다. 하나님이 이 선교회를 얼마나 기뻐하시는지 알 수 있었습니다. 선교회는 순식간에 자리를 잡고 확장해 가면서 한국어 학교를 설립하고 영어, 중국어, 러시아어 예배를 차례로 개설했습니다.

SEM에서 3년 정도 봉사했는데, 대덕연구단지에 있는 많은 교회가 초교파적으로 하나가 됐습니다. 평신도 자격으로 섬기던 이들이 목회자가 되기도 했습니다. 매년 외국인들을 위한 행사를 개최하자 대전시에서도 지원해 주었습니다. SEM은 지금도 왕성하게 활동하고 있습니다.

그러면서 깨달은 것은, 하나님이 인도하시는 대로 따라가기만 하면 돈이나 동역자나 섬길 대상까지도 걱정할 필요가 없다는 것이었습니다. 그저 "이 일을 시작하신 이가 이 일을 끝내실 것"을 믿고, 주님의 일에 기쁘게 동참하면, 내 앞에서 생생하게 일하시고 열매를 맺으시는 주님이 그 공을 세상 가운데 내게 돌리시면서, 나약한 나의 믿음을 성장시켜 주심을 알게 되었습니다.

하나님께
인생을 맡기다

1998년에 산업자원부(현, 산업통상자원부) 산하에 있는 전자부품종합기술연구소의 소장이 되었습니다. 설립한 지 7년 남짓 된 신생 연구소였습니다. 1년 후에 이 연구소 이름을 전자부품연구원(KETI)으로 바꾸어 초대 원장이 되었고, 3대까지 9년간 섬겼습니다. 그곳에서 나는 지금껏 받아보지 못한 새로운 리더십 훈련을 받게 되었습니다.

처음 3년간 많은 성과를 올린 후 연임을 결정하는 시기가 되었습니다. 나는 연임이 그리 어려울 거로 생각하지 못했는데 굉장한 어려움을 당하면서 힘들게 연임에 성공했습니다. 그런데 연임하게 된 지 얼마 지나지 않아 묵상 가운데 하나님이 내게 물으셨습니다.

"춘호야, 너는 나를 얼마나 신뢰하느냐?"

주님의 질문은 나를 책망하시는 말씀 같았습니다. 내가 원장 연임을 하기 위해 여기저기 도움을 청하고, 로비하는 등 세상적인 방법을 동원했던 모습을 들여다보게 하신 것입니다. 하나님을 온전히 신뢰하지 못하고, 기도와 인간적인 방법을 병행하며 살아가는 모습을 꾸짖으신 듯했습니다. 부끄러움에 고개 숙인 채 하나님께 회개 기도를 드렸습니다.

"하나님, 내 죄를 회개합니다. 그동안 나는 한쪽 발을 세상에, 다른 발은 하나님 나라에 두고 살아왔습니다. 주님을 100퍼센트 신뢰하지 못했고, 신앙생활도 올바르게 하지 못했습니다."

그러자 주님이 말씀을 주셨습니다.

[4] 또 여호와를 기뻐하라 그가 네 마음의 소원을 네게 이루어 주시리로다 [5] 네 길을 여호와께 맡기라 그를 의지하면 그가 이루시고 [6] 네 의를 빛같이 나타내시며 네 공의를 정오의 빛같이 하시리로다 **시편** 37:4~6

특히 5절 말씀이 마음을 찌르고 들어왔습니다. 영어 성경(NIV)으로 읽으면, 그때 깨달았던 하나님의 뜻이 더욱 분명하게 와 닿습니다.

"Commit your way to the Lord; trust in Him and He will do

this."(네 길을 여호와께 맡기라. 그를 의지하면 그가 이루시리라.)

나는 말씀을 깨달은 후 하나님께 약속을 했습니다.

"하나님, 이제부터는 주님이 가라고 하시면 가고, 멈추라고 하시면 멈추겠습니다. 모든 문제를 주님께 온전히 맡겨 드립니다. 직장을 위해서도 따로 기도하지 않겠습니다."

사실, 기관장들은 임기가 끝나 갈 즈음이 되면 초조해지기 마련입니다. 다음 임지를 알아보느라 물밑 작업을 하고, 그 과정에서 세상이 몰랐으면 하는 온갖 좋지 않은 일들이 은밀히 진행되기도 합니다. 그러나 나는 그 기도 후 단 한 번도 그런 일을 해 본 적이 없습니다.

연임한 지 2년쯤 지났을 때, 산업자원부 차관이 내게 뜻밖의 말을 했습니다.

"김 원장님, 혹시 원장을 한 번 더 맡으실 생각 없습니까?"

깜짝 놀랐습니다. 왜냐하면, 연구원 역사상 원장이 3연임하는 것은 전례가 없던 일이기 때문입니다. 과연 가능할지 의구심이 들었지만, 그는 확신에 차서 말했습니다.

"연임이 쉽지 않다는 것은 압니다. 하지만 한 번 더 맡아 주신다면, 연구원이 완전히 자리 잡으리라고 확신합니다."

나는 마음이 뛸 듯이 기뻤습니다. 그리고 대답했습니다.

"할 수 있다면야 당연히 해야죠."

"그럼, 동의해 주셨으니 연임하실 수 있도록 최대한 노력해 보겠습니다."

하나님께 시편 말씀을 받은 지 채 1년이 되지 않아서 응답이 온 것입니다. 3연임에 성공한 것은 분명히 하나님이 주신 선물이었습니다.

그 후로도 더 좋은 조건으로 자리를 옮길 기회가 여러 번 있었습니다. 더 큰 명예와 더 많은 보수가 나를 기다리고 있었지만, 그것 때문에 가고 싶지는 않았습니다. 하나님께 약속을 드린 후부터 내가 어디에 있어야 할지를 결정하는 분은 주님이시라는 믿음이 확고해졌기에, 주님이 있으라 하시면 계속 일하는 것이고, 새로운 곳으로 가라 하시면 그곳에서는 더 이상 할 일이 없기에 보내시는 것일 테니 툴툴 털고 가면 된다고 생각했습니다.

나는 최선을 다해 연구원들을 섬기고, 연구원에 진취적인 연구 풍토를 만드는 것에 올인(All in)했습니다. 그런 내 노력에 주님이 큰 은혜를 부어 주시어 연구원이 나날이 성장해 갔습니다. 연구원을 평택에서 분당으로 옮겼는데, 당시에 분당은 수도권 사람들이 가장 살고 싶어 하는 곳이었고, 그 덕분에 국내 최고 인재와 전문가들이 연구원에 몰려오기 시작했습니다. 연구원은 날개가 돋친 듯, 국책연구원 중에서도 손꼽히는 일류 연구원으로 자리 잡아 가기 시작했습니다.

9년 임기가 끝난 뒤, 연구원을 떠날 때 연구원과 직원들은 그간의 정을 아쉬워하고 뜨거운 눈물로 격려하며 나를 환송해 주었습니다. 그 광경을 본 한 취재 기자가 고개를 갸웃하며 말했습니다.

"낙하산 인사로 부임했던 원장이 이임하는데, 직원들이 이렇게 한마음으로 아쉬워하는 건 처음 봅니다."

미래의 리더를
키우는 사명

KETI에서의 9년은, 주님의 은혜 아래서 진정한 리더십을 훈련받은 기간이었습니다. 기를 쓰고 꼭대기에 올라앉으면 리더가 된다고 믿었던 내게, 리더란 정직하게 최선을 다하여 사람들을 섬기는 일임을 깨닫게 하셨기 때문입니다.

연구원을 떠난 뒤, 건국대학교로 가게 되었습니다. 만 49세에 기술융합학과 교수와 유비쿼터스 정보기술연구원(UBITA) 원장 겸 대외협력 부총장을 겸임했습니다. 부총장을 하기에는 젊은 나이였습니다. 오명 전 총장이 나중에서야 내 나이를 알고 깜짝 놀라며 "당신 머리가 워낙 희어서 그렇게 젊을 줄은 생각도 못 했다네" 하고 우스갯소리를 하곤 했습니다.

젊을 때부터 새치가 많더니 40대가 되면서 완전히 흰머리가 되었습니다. 그래서 곤란한 일도 많았습니다. 특히 딸이 내가 학교에 나타나는 걸 결사반대했습니다. 운동회 때도 할아버지가 온 줄 아니까 절대 오지 말라고 막곤 했습니다. 섭섭한 마음에 염색할까 생각하기도 했지만, 내키지 않았습니다. 결국 염색을 한 번도 해 보지 않았습니다.

그런데 공직 생활을 하는 데는 흰머리가 더 없는 행운이 되었습니다. 40세에 국책연구소 소장이 된 것도 흰머리 덕분이었습니다. 산업자원부 장관이 이력서의 내 사진만 보고, 생년월일을 확인하지 않은 채 50대 중후반일 것으로 지레짐작했던 것입니다. 심지어 내게 깍듯하게 높임말을 하곤 했습니다. 연구소장으로 발령을 낸 뒤에야 내 실제 나이를 알게 됐다고 합니다.

KETI 원장으로 일하던 시절에 내 인생의 멘토인 오명 전 부총리를 처음 만났습니다. 만날 당시에 동아일보 사장이었던 그는 얼마 후 아주대학교 총장이 되었습니다. 총장쯤 되면 비서를 통해 전화할 법도 한데, 그분은 일이 있을 때마다 직접 전화를 주었습니다. 그리고 겸손한 태도로 "김 원장, 부탁할 게 있는데 도와주겠나?"라고 물었습니다. 쉽지는 않은 일이었지만 최선을 다해 도와 드렸습니다. 그 결과 아주대와 KETI가 협력하여 큰 프로젝트를 수주하는 데 성공하였습니다. 그 후 오명 총장은 부총리 겸 과학기술부 장관으로 임명되었습니다. 부총리 시절 여러 번의 만남이 있었고, 특히 그의 모교인 뉴욕주립대 스토니브룩대학의 총장단 일행이 한국을 방문했을 때 KETI 방문도 주선해 주는 등 좋은 관계를 맺도록 도와주었습니다.

KETI에서의 9년 임기가 끝나갈 무렵, 여러 대학의 크리스천 교수들로 구성된 IT 관련 단체가 찾아와 우즈베키스탄에서 열리는 'IT 컨퍼런스'에 후원해 달라고 부탁했습니다. 재능 기부나 다름없는 그들의 행사 취지에 공감하여 후원해 주었습니다. 그러자 이왕 후원하는 김에 행사에 참석하여 기조연설을 해 달라고 했습니다. 마침 우즈베키스탄에는 한 번도 가 본 적이 없던 터라 좋은 기회인 것 같아서 흔쾌히 승낙하고, 컨퍼런스에 참석했습니다.

기조연설을 하는 자리에 건국대학교 정보통신대 학장이 와 있었는데, 그가 내 연설을 듣고 나를 스카우트하기로 마음먹었다고 합니다. 마침 건국대에서 신설한 유비쿼터스 정보기술연구원(UBITA)을 맡을 적임자를 찾던 중이었습니다. 유비쿼터스(Ubiquitous)는 "언제 어디서나 존재한다"라는 뜻의 라틴어에서 출발하였고, 사람과 모든 사물을 연결해 사용자에게 필요한 정보와 서비스를 장소와 시간, 네트워크와 컴퓨터에 제약받지 않고 제공하는 환경을 의미합니다.

그가 학교에 돌아가서 오명 전 총장에게 보고했지만, 총장은 일을 공정하게 처리하기 위해 나와 아는 사이임을 밝히지 않은 채 "학장인 당신이 설득해서 그를 데려오면 원장으로 임명하겠소"라고 했다고 합니다.

학장의 스카우트 제안을 받고서야 건국대 총장이 오명 전 부총리임을 알게 되었습니다. 학장이 돌아간 후에 오 총장에게 전화해서 "이러이러한 제안을 받았는데, 알고 계셨습니까?" 하고 물었습니다. 그러자 그가 "당연히 알고 있었네. 만약에 내가 자네를 스카우트하겠다고 했으면 반대 의견이 있었을 수도 있는데, 교수들이 자네를 원한다고 하니 오히려 잘됐지 뭔가. 자네만 오케이 한다면 이곳에 와도 좋겠군. 학교 일도 해볼 만하다네" 하고 말했습니다.

그렇게 해서 건국대와 인연을 맺게 되었습니다. 그때까지 연구원을 퇴임한 후 교수가 되겠다는 생각을 해 본 적이 없었습니다. 내가 건국대로 간 건 하나님이 주신 시편 37편 말씀을 붙잡고 모든 일을 하나님께 맡기겠다고 약속한 뒤에 받은 두 번째 선물이었습니다.

그런데 당시 내가 제안받은 것은 건국대 부총장이 아니라 주임 교수 직책 정도인 원장직이었습니다. 국책연구소장을 9년 지낸 후 평교수로 가면 그것이 전례가 되어 연구소의 능력 있는 후배 과학자들이 더 좋은 자리에 가기가 어려워질까 봐 고민되었습니다. 그래서 곰곰이 생각하다가 혹시 부총장직을 줄 수 있는지 조심스럽게 물었습니다. 당시 건국대학교 부총장에는 학사 부총장, 충주캠퍼스 부총장, 의료 부총장, 대외협력 부총장 등 4명이 있었습니다. 그러자 현재 있는 부총장이 퇴임하기 전까지는 어렵다는 답변을 받았습니다.

고민이 시작됐습니다. 어떻게 해야 하나 기도하고 있는데 뜻밖의 소식이 들려왔습니다. 때마침 부총장 한 분이 과학재단 이사장으로 초빙되어 가게 된 것입니다. 그렇게 주님은 불가능해 보였던 문을 여사, 건국대학교 UBITA 원장 겸 대외협력 부총장이라는 직책을 얻게 된 것입니다.

대학은 처음 발을 딛는 낯선 영역이었지만, 당시 나는 주님이 보내시는 곳이면 어디에서든, 누구든, 주님을 섬기듯 섬기겠다는 마음뿐이었습니다. 그래서 건국대학교 부총장으로서 맡겨진 일을 열심히 하면서 대학과 학생들을 섬겼습니다.

그런데 하나님이 계획하신 다음 목적지는 SUNY Korea였습니다.

한국에 최초의 미국 대학을 설립하다

처음에 오명 전 부총리가 나에게 뉴욕주립대 스토니브룩대학을 한국에 유치하는 일을 부탁했을 때 이전에는 느껴 보지 못했던 책임감이 어깨를 짓눌렀지만, 늘 새로운 길로 인도하시는 주님을 기대하며 그 일을 맡기로 했습니다.

스토니브룩대학에 새뮤엘 스탠리(Samuel L. Stanley Jr.) 박사가 새로운 총장으로 취임했는데, 새 총장은 이전 총장과 달리 나와 친분이 없었습니다. 게다가 그는 다른 지역의 분교 캠퍼스나 SUNY Korea같은 확장형 캠퍼스(Extended campus)를 선호하지 않는 분이라는 얘기를 들었습니다. 혹시나 SUNY Korea 설립 계획에 차질이 생기지 않을까 걱정되어 스탠리 총장을 설득하기 위해 곧바로 미국으로 날아갔습니다. 스탠리 총장과 직접 대화를 나눴지만 역시나 대화가 잘 되지 않았습니다. 서로 초면인 데다가 스탠리 총장이 한국 캠퍼스 설립에 별로 관심이 없는 게 느껴져서 속으로 '이대로 학교 설립이 무산되는 것은 아닌가' 하는 걱정이 들기도 했습니다.

그런데 딱딱한 대화를 이어 가던 중 그가 갑자기 한국의 유명 걸그룹 '소녀시대' 얘기를 꺼냈습니다. 한류 열풍이 대단하다고 해도 이렇게 미국인 총장의 입을 통해 한국 걸그룹의 이름을 듣게 되리라곤 상상도 못했기 때문에 혹시나 하는 마음에 되물었습니다.

"혹시 케이팝 가수 소녀시대를 말씀하신 건가요?"

내내 대화가 잘 안 풀리고 막히다가 케이팝 얘기가 나오면서 술술 풀렸습니다. 새 총장은 딸 덕분에 케이팝을 알게 되었을 뿐만 아니라 딸과 함께 소녀시대의 팬이 되었다는 것이었습니다. 마침 이전에 내가 KETI 원장 시절에 음원 사업에 관한 비즈니스 상담을 해 준다고 소녀시대 소속사 대표를 만난 적이 있었습니다. 스탠리 총장에게 딸과 함께 한국에 오면 소녀시대를 만나게 해주겠다고 하니까 분위기는 더욱 좋아졌습니다. 하지만 듣고 싶었던 SUNY 스토니브룩 한국 캠퍼스 설립에 대한 답은 듣지 못한 채 돌아와야 했습니다.

그리고 몇 주 후에 스탠리 총장으로부터 딸과 함께 한국을 방문하고 싶다는 연락이 왔습니다. 다행히 소속사 대표와 이야기가 잘되어서 스탠리 총장 부녀에게 소녀시대와의 좋은 추억을 선사할 수 있었습니다. 그들은 우리나라 걸그룹이 미국 아이돌과는 달리 너무나 겸손하고 예의 바르다며 큰 감동을 받았다고 했습니다. 이후 스탠리 총장과는 더욱 친한 우정과 신뢰를 쌓을 수 있었고, SUNY 한국 캠퍼스 설립 계획에 대해서도 점점 더 마음 문을 열고 대화하는 계기가 되었습니다. 그 뒤에 SUNY 송도 캠퍼스 설립은 계획대로 추진하기로 결정되었습니다.

물론 SUNY Korea 유치를 위해서 오명 전 부총리가 스탠리 총장을 직접 설득하는 등 많은 교수와 스태프들의 오랜 노력과 도움으로 이뤄진 결과였습니다. 하지만 서로 잘 몰라서 서먹하던 스탠리 총장과 내가 처음 마음 문을 열고 대화할 수 있었던 계기는 한류 열풍과 케이팝이었습니다. 하나님은 주님의 뜻을 이루기 위해 그렇게 누군가와의 작은 만남과 한류 열풍도 사용하시는 멋진 분입니다.

2010년 봄, SUNY Korea를 세우기 위한 첫 번째 과제는 교육과학기술부(약칭 교과부)로부터 학교 설립 승인을 받는 일이었습니다. 국제도시 송도 개발을 주도했던 지식경제부(현 산업통상자원부)와 인천시와 인천경제자유구역청 사람들은 경제자유구역을 살리려면 수준 높은 교육 서비스가 필요하다며 SUNY Korea 설립을 적극적으로 지원했습니다.

하지만 교과부 입장에서는 국내 지방 대학들이 해마다 입학 인원이 감소되어 어려움을 겪고 있는 상황에서 새로 미국 대학 캠퍼스를 설립하겠다고 하니 선뜻 인가해 주기가 쉽지 않았을 것입니다. 무엇보다 그동안 한국에서 아무도 하지 않았던 일을 처음 진행하는 일이었기에 어려움이 많았습니다. 특히 한국 영토에 미국 대학교를 설립해서 운영하는 데 있어 한국 법과 미국 뉴욕주 법의 법령 해석이 충돌하는 부분 때문에 교과부에서는 승인을 못 해 주고 있는 상황이었습니다.

이러한 법률 해석 차이를 해결하기 위해 유명 법무법인의 실력 있는 국제변호사들의 도움을 받아서 법률 검토서를 만들어 교과부에 제출했고 또한 법무부의 유권해석을 받기로 했습니다. 내가 할 수 있는 것은 거기까지였습니다. 법적으로 안 된다고 하면 포기하는 수밖에 없는 상황이었습니다.

정말 기도밖에는 할 수 있는 게 아무것도 없었습니다. 그런데 꿈같은 일이 벌어졌습니다. 법무부에서 우리가 기대한 것 이상으로 매우 긍정적인 법 해석을 해 준 것입니다. 그렇게 기적처럼 한국과 뉴욕주의 법 해석에 관한 갈등 문제가 풀렸으며, 마침내 2011년 7월 교과부에서 SUNY Korea의 설립을 승인했고, 설립 인가서를 받아든 나와 교직원들은 감격의 눈물을 흘렸습니다.

■ 대학의 자존심, 명문학과를 유치하다

대학의 명성은 학과의 명성에 좌우됩니다. SUNY Korea의 본교인 스토니브룩대학은 노벨상 수상자를 여러 명 배출한 미국의 명문대학교입니다. SUNY Korea가 본교와 같은 수준임을 인정받으려면, 일단 학교를 대표할 유망 학과들이 필요했습니다. 많은 노력 끝에 SUNY Korea에 스토니브룩대학의 컴퓨터과학과, 기술경영학과, 기계공학과, 응용수학통계학과, 경영학과 등 5개 학과의 학부 과정과 석·박사 과정을 개설했습니다.

특히 스토니브룩대학의 응용수학통계학과는 2017년도 미국 대학들 중 동일 학과 순위 3위를 차지할 정도로 우수합니다. 참고로 응용수학통계학과 순위 1위가 브라운대학, 2위가 하버드대학이고, 3위인 스토니브룩대학을 이어 4위가 스탠퍼드대학입니다. 지금 SUNY Korea에는 전미 순위 3위의 응용수학통계학과와 동일한 프로그램으로 운영되고 있습니다.

또한 스토니브룩대학의 컴퓨터과학과 같은 경우에는 최고 인기 학과라고 할 수 있습니다. 이 과를 전공한 많은 SUNY Korea 학생들이 4학년 때 미국 본교에 가서 공부를 마치고 그곳에서 학위를 받은 후 미국에서 취업하여 글로벌 마켓에서 그들의 꿈을 펼칠 기회를 얻습니다. SUNY Korea 컴퓨터과학과의 또 다른 특징은 매년 정부에서 15억 규모의 지원을 받는 'IT 명품 인재 양성' 프로젝트를 수행하고 있다는 것입니다. 이는 미국과 한국은 물론 전 세계 우수 인재들이 SUNY Korea에 모여 성공적으로 만들어 낸 글로벌 프로젝트이며, SUNY Korea가 국내 어느 대학보다도 탁월한 글로벌 경쟁력을 갖출 잠재력이 있음을 보여 줍니다.

2017년 9월에는 SUNY Korea에 미국 뉴욕 맨해튼에 위치한 패션기술대학교(Fashion Institute of Technology, FIT)의 대표적인 2개 학과, 패션디자인학과와 패션경영학과가 개설되었습니다. 1944년에 개교한 FIT는 세계 5대 패션 명문 대학의 하나로 캘빈 클라인, 마이클 코어스, 노마 카마리, 랄프 로렌 그룹 회장인 조이 크로닌, 미국 오바마 전 대통령 영부인 미셸 오바마의 옷을 디자인했던 아사벨 톨레도 등 수많은 유명 디자이너를 배출했습니다.

FIT는 파슨스 디자인스쿨(Parsons The New School for Design)과 더불어 미국의 패션 산업을 주도하고 있습니다. 특히 패션디자인학과의 커리큘럼은 세계 전문 디자인 학교 중에 단연 으뜸입니다. SUNY Korea의 준학사 2년 과정을 마치면, 뉴욕이나 이탈리아 밀라노에 있는 FIT에서 학사 학위프로그램을 진행할 수 있게 됩니다. 세계적인 패션스쿨인 FIT가 이탈리아에 이어 세계 두 번째로 한국에 해외 캠퍼스를 개설한 것은 기적과도 같은 일입니다.

나는 꿈을 꿉니다. 잠재력이 풍부한 한국의 젊은 패션 인재들이 SUNY Korea-FIT를 통해 세계에 진출하여 세계 패션 업계를 선도할 그날을 말입니다. 또한 아시아 최초로 한국에 FIT가 개교하면서 뉴욕의 FIT가 패션 산업계와 융합하여 뉴욕을 세계적인 패션 중심지로 만들었고, 이탈리아의 FIT가 이탈리아 패션을 세계 패션시장으로 이끌었듯이, 이제 SUNY Korea-FIT를 통해 인천과 서울 경기 지역의 패션 산업을 일으키고, 한국의 패션이 앞으로 아시아뿐만 아니라 세계 패션시장을 주도할 것이라는 꿈입니다.

그리고 머지않아 SUNY Korea에서 스토니브룩 공대의 기술들이 FIT

의 패션 기술과 만나서 서로 융합 발전하여 4차 산업혁명시대에 걸 맞은 미래 최첨단 소재 의류나 IT와 융합된 아이패션(I-Fashion)같은 새로운 패션 플랫폼을 만들어 낼 날도 곧 기대하고 있습니다.

교수와 교직원은
사명 공동체

　수도 없는 문제와 부딪치고 많은 어려움과 역경을 극복하며 7년 넘게 SUNY Korea를 이끌고 있습니다. 미국을 방문할 때마다 SUNY 캠퍼스 총장들을 만나곤 합니다. 그들의 마음을 얻어야만 더 많은 학과를 유치하고, 더 많은 지원을 받을 수 있으므로 하나님께 지혜를 구했고, 그때마다 주님은 기적 같은 일들을 만들어 주셨습니다.

　학교가 아무리 좋은 제도를 갖추고 있고, 교직원들이 헌신적이라고 해도, 심지어 우수한 학생들이 모여 있다고 하더라도 좋은 교수가 없다면,

절대로 좋은 대학이라고 할 수 없습니다. 교수는 외부에서 학교의 수준을 판단하는 기준일 뿐만 아니라 우수한 학생들을 끌어당기는 요인이기 때문입니다.

게다가 교수는 학생들에게 가장 큰 영향력을 끼치는 존재입니다. 그들은 단순히 지식을 가르치는 데서 끝나지 않습니다. 수업 방식, 학생들을 대하는 태도, 학문을 대하는 열정 등 모든 것이 학생들에게 절대적인 영향을 미칩니다.

SUNY Korea의 교수는 미국 본교에서 추천한 사람 중에서 선택하여 채용합니다. 어쩔 수 없이 본교의 추천 내용과 학문적 성과를 보고 뽑을 수밖에 없는데, 그러다 보니 시행착오를 겪을 수밖에 없었습니다. 교수들의 실력이나 인성을 검증할 기회가 없었기 때문입니다. 그 결과, 학교와 학생들이 그 대가를 톡톡히 치러야 했습니다.

그래서 기도하면서 본교와 협의하여 최대한 검증된 좋은 교수들을 뽑는 데 심혈을 기울이기 시작했습니다. 한국인 교수는 한국의 우수 대학에서 은퇴하신 명망 있는 교수들을 모셨습니다. 헌신적인 시니어 전문가들을 찾아다니는 데도 많은 시간을 쏟아 부었습니다. 서울대 공대 전 학장, 연세대·고려대·성균관대·한동대 전 부총장들을 모셔올 수 있었고, 앞으로도 현직에서 은퇴한 각 분야의 최고 권위자들을 시니어 교수로 모셔 올 계획입니다. 특별히 시니어 교수들은 생의 마지막에 제자들을 키운다는 마음으로 열정을 다합니다.

SUNY Korea의 교수들 중 30%는 한국인이고, 70%는 외국인입니다.

한국인 교수들은 대부분 경험 많고 명망 있는 베테랑을 모셨다면, 외국인 교수들은 대부분 능력 많고 열정이 넘치는 젊은 사람들로 모셨습니다. 미국 본교에서 직접 파견된 교수들을 비롯해 외국인 교수들은 모두 본교와 동일한 수준의 우수한 연구 실적과 강의 경력을 가진 분들입니다. 이들은 한국을 너무 좋아해서 SUNY Korea에 자원하여 오신 분이 대부분인데, 그래서인지 학생을 더 잘 가르치려고 애쓸 뿐만 아니라 한국말과 문화를 배우는데도 열정적입니다. SUNY Korea 학생들을 더 잘 이해하고 섬기려고 최선을 다하고 있습니다.

교수만큼이나 중요한 사람이 바로 교직원입니다. 사람들은 내가 일을 엄청나게 많이 하는 줄로 압니다. 내 주변에서는 항상 많은 일이 돌아가기 때문입니다. 그러나 사실 내 달란트는 일하는 데 있지 않고, 일을 '맡기는' 데 있습니다. 나는 할 일이 생기면, 적임자를 찾아서 그에게 일을 맡기는 것으로 내 일을 시작하는 사람입니다.

SUNY Korea를 설립하는 과정에서 열정적이며 사명감과 신념에 찬 젊은이들을 찾아다녔고, 한 사람 한 사람 동역자로 맞아들였습니다. 제일 먼저 영입한 사람은 SUNY Korea 전 교학처장 김경훈 씨입니다. 호주 코스타(KOSTA) 집회에서 그와 처음 만났는데, 한눈에 봐도 무척 명석하고 열정적인 사람이었습니다. 첫인상부터 마음에 들었습니다. 그에게 "하나님을 믿고 나와 같이 가 봅시다"라고 제안했더니, 주저 없이 합류해 주어 이후 7년 동안 SUNY Korea 설립에 필요한 모든 일을 함께했습니다.

명석한 사람은 대개 불평이 많습니다. 그런데 뿌리 깊은 신앙의 소유자인 김경훈 씨는 언제나 리더인 나의 결정과 인사(人事)를 존중해 주었습니다. 그리고 최선을 다해 내가 가고자 하는 방향의 길을 찾아내 주었습니다. 그는 최선을 다한 결과와 번득이는 대안을 늘 갖고 있었습니다. 게다가 얼마나 헌신적인지 몸이 망가질 정도로 맡은 일에 충성을 다했습니다. 아무리 쉬라고 해도, 좀체 쉬지 않아서 급기야 미국에 강제 유학을 보내기까지 했습니다. 억지로라도 공부하면서 쉬라는 뜻에서 보낸 것입니다.

주님은 젊은 동역자 못지않게 귀한 시니어 동역자도 만나게 해 주셨습니다. SUNY Korea의 많은 일이 시니어 동역자의 풍부한 경험과 헌신으로 돌아가고 있습니다. 나는 그저 그들을 영입하여 일을 맡길 뿐, 실제 일은 그들이 다 하고 있습니다.

일의 성패는 사람에게 달렸고, 사람은 사람을 보고 움직이기 마련입니다. 그래서인지 예수님은 일꾼들이 사람의 마음을 얻을 수 있도록 매력을 주십니다. 주님이 주시는 매력이 내 안에서 날로 커지는 것을 느낍니다. 그렇지 않고서야 귀한 분들이 나처럼 흠 많고 성격 고약한 사람과 함께 일해 보자고 올 리가 있겠습니까?

사실, 처음에는 내가 잘나서 사람들이 몰려드는 줄 알았습니다. 그런데 그게 아니었습니다. 나는 더 이상 젊지 않고, 부지런함도 열정도 젊은 날만 못합니다. 하지만 나는 옛날보다 더 신나게 돌아다니며 사람들을 만나고 비전을 나눕니다. 내가 아닌, 예수님이 주시는 매력이 사람들

사이에서 일하는 것을 알기 때문입니다.

　나는 함께 일하는 모든 사람에게 단 한 가지만을 요구합니다. 그것은 '가족이 되어야 한다'는 것입니다. 이것을 다른 말로 표현하자면, 함께 사명공동체가 되자는 것입니다. 나는 주님이 내게 주시는 비전을 그들과 나누고, 모두가 한마음으로 나아가도록 많은 노력을 기울입니다.

다음세대를

살리다

거대한 벽이 느껴지는
아이들

앞서 얘기했듯이, 우리나라에 미국 대학 캠퍼스를 설립하는 과정이 결코 쉽지 않았습니다. 그런데 막상 학교를 개설하고 나니, 나를 힘들게 했던 스토니브룩대학 관계자나 공무원보다 더 힘든 상대가 나타났습니다. 바로 학생들이었습니다. 그들은 어렵사리 학교 문을 열자마자 부딪힌 거대한 벽이었습니다.

SUNY Korea에 입학한 학생들을 보고서야 비로소 내가 아무것도 모르고 교육계에 들어왔다는 사실을 깨달았습니다. 그들은 내가 생각했던 그런 '존재'들이 아니었습니다. 완벽하게 '낯선 세대' 앞에서 나는 또다시 숨이 턱 막히는 거대한 벽을 느꼈습니다. 기성세대가 품은 욕심과 허상이 청년들을 어떻게 만들어 놓았는지 적나라하게 목격했습니다.

그들은 자신이 뭘 하고 싶은지 생각해 본 적이 거의 없었습니다. 사랑보다 인정받는 데 더 익숙한 학생들에게서 종종 이기적인 성향을 발견했습니다. 그들은 타인을 사랑하기는커녕 타인과의 다름조차 받아들이지 못했고, 심지어 다른 사람의 관심이나 사랑도 받아들일 줄 몰랐습니다. 청년들의 그런 성향과 부딪힐 때마다 많이 힘들었습니다.

자녀가 대학에 입학하기 전까지 부모와 기성세대가 그들에게 수많은 잘못된 고정관념을 가르쳐 왔다는 사실을 깨달았습니다. 그중 하나가 "성공해야 한다"는 것입니다. 심지어 수단과 방법을 가리지 말고 반드시 성공해야 한다고 가르친 것입니다.

성공이 무조건 나쁘다고 말하려는 게 아닙니다. 성공을 향한 선한 집념은 청년에게 꼭 필요한 것이기 때문입니다. 문제는 성공의 정의가 잘못되어 있다는 것입니다. 돈을 많이 버는 것, 높은 지위에 올라가는 것을 성공으로 가르치고 있는 것입니다.

이 시대 젊은이들은 엄마 뱃속에서부터 영재 태교를 받았으며, 영어 자장가를 들으며 자랐습니다. 대학에 입학할 때까지 20년 동안 오직 명문대를 목표로 펄펄 끓는 경쟁의 도가니 속에서 바둥거립니다. 다 그런 것은 아닐 테지만, 대부분의 청소년은 사슬에 묶인 채 배 밑바닥에서 끝없이 노를 저어야 하는 노예와도 같은 고통스러운 시간을 보내고 있습니다. 경쟁에서 밀려난 아이들은 패배자라는 낭패감과 미래에 대한 불안감에 시달립니다.

학교는 학생들에게 자신이 뭘 원하는지 물어봐 주지 않고, 부모는 자녀의 꿈이 아닌 자기 꿈을 강요합니다. 그 가운데서 상처받는 것은 학생들입니다. 하지만 학교와 부모는 아랑곳하지 않습니다. 아이들이 상처를 받거나 말거나, 타고난 재능이 무엇이건 상관없이 무조건 명문대의 취업 잘되는 학과에 합격해야 한다고 윽박지릅니다. 합격만 하면, 인생의 모든 문제가 해결될 것이라고 거짓말합니다.

그러니 대학에 입학하는 순간부터 청년들은 "억압 끝! 자유 시작!"을 외치며 고삐 풀린 망아지처럼 방탕과 무질서와 나태로 달려가는 것입니다. 목표를 달성했기 때문입니다.

진짜 불행은 그때부터 시작됩니다. 입시 경쟁을 뚫고 부모가 원하는 대학까지는 아니더라도 대학 합격이라는 인생 목표를 달성했는데도, 조금도 행복하지 않다는 것을 뒤늦게 깨닫기 때문입니다. 그로 말미암아, 청소년기에 겪었어야 할 사춘기가 대학 입학 후에 시작됩니다. 입시 공부에 쫓기느라 10대 시절에 자연스러운 성장 과정인 사춘기마저 겪지 못한 탓입니다. 그들의 모습을 지켜보면서 "요즘 군인들은 청소년 같다"고 했던 어느 군목의 말이 실감났습니다.

대부분의 학생은 꿈같은 것은 꿔 본 적도 없다고 말합니다. 타고난 재능이 무엇이건 간에 대학 졸업장을 따는 것이 목표입니다. 대기업에 취업하는 게 대학에 온 목적입니다. 그렇게 자란 학생들은 미국 명문 대학의 수업을 들을 능력은 있을지 모르지만, 자긍심이나 삶을 행복하게 하는 작은 배려가 부족합니다.

그들을 바라보면서 여호수아의 전쟁을 떠올리곤 했습니다. 여호수아의 전쟁은 눈앞에 있는 외부의 적들과 싸우는 전쟁이 아니었습니다. 내가 치러야 하는 전쟁 역시 외부와의 전쟁이 아니었습니다. 캠퍼스에 열정적인 학생들이 가득 차기를 너무나 기대했는데, 실제로 나타난 아이들은 냉담했습니다. 갖은 고생 끝에 학교 문을 열었건만, 오히려 문을 꼭 걸어 잠근 거대한 여리고 성과 같은 학생들을 마주하게 된 것입니다. 막막함이 나를 짓눌렀습니다.

학생들의 무너진 마음을 어루만지고, 굳게 닫힌 마음 문을 여는 일은 주님의 은혜가 없으면 불가능한 일이었습니다. 그들을 일으켜 세워 약속의 땅으로 달려갈 수 있도록 할 분도 오직 주님뿐이었습니다.

교수의 꿈을 접게 하시고, 기어이 SUNY Korea라는 광야로 나를 보내신 하나님이 이렇게 말씀하시는 것만 같았습니다.

"내가 네게 맡기는 내 자녀들이다. 이들은 네가 기대했던 훌륭한 아이들이 아니다. 세상 중심의 교육에서 상처받고 지쳐서 죽어 가는 아이들이다. 이들을 위해 내가 죽었다. 너도 이 아이들을 위해 죽을 수 있겠느냐? 내가 다시 살아나 세상을 이긴 것처럼, 이들을 다시 살려 낼 수 있겠느냐?"

눈물이 흘렀습니다. 주님의 눈물이었습니다. 죽어 가는 아이들을 살리고 싶어 하시는 주님의 간절한 마음이 내 안에서 요동쳤습니다.

나는 SUNY Korea 학생들과 함께 의미 있는 전쟁을 시작했습니다. 단 한 명의 학생도 포기하지 않겠다고 결심했습니다. 한편에서는 눈물로 기도하면서 학생 한 사람 한 사람과 끊임없이 대화하고 씨름하기 시작했습니다. 왜곡된 교육 탓에 잃었던 많은 소중한 것을 되찾게 해 주고 싶습니다. 학생들이 SUNY Korea를 졸업할 때까지 우리는 이 싸움을 멈추지 않을 것입니다.

학교는
경험 창고가
되어야 한다

내가 생각하는 최고의 대학은 경험의 학교입니다. 졸업한 학생들이 사회에 진출하여 견고한 뿌리를 내리고, 가정을 이루어 사회 구성원으로서의 역할과 책임을 다하며 살아갈 수 있게 하려면, 대학에서 그에 필요한 모든 것을 준비시켜 주어야 합니다. 대학이야말로 사회로 나가기 전에 마지막으로 거치는 최종 교육 기관이기 때문입니다. 당연히 초·중·고 교육과는 달라야 합니다.

대학에서까지 학생들이 성적에 연연하며 토익 점수나 신경 쓰고, 월급을 많이 주는 회사가 어디인지를 알아보며 시간을 보낸다면, 그처럼 불행한 삶은 없을 것입니다. 물론 학과 성적도 중요하고, 토익 점수도 중요합니다. 하지만 요즘 대학은 학문의 전당이나 전문 교육 기관이라고 하기에도 무색합니다. 하버드대나 스탠퍼드대와 같은 명문 대학의 강의를 세계 어디서나 온라인으로 들을 수 있는 시대가 되었기 때문입니다. 대학 졸업장이 필요해서가 아니라면, 굳이 대학을 다닐 필요가 없을 정도입니다.

이런 시대에 대학은 무엇을 위해 존재할까요? 바로 다양한 경험의 기회를 위해 존재합니다. 그래서 경험의 학교가 되어야 합니다. 학생들이 풍부한 경험을 할 수 있도록 기회를 제공해 주어야 합니다. 사회에 나가기 전에 온갖 실수와 실패를 해 볼 수 있는 곳이어야 합니다. 사회에 나가서는 잃어버릴지도 모르는 꿈을 향해 달리는 곳이어야 합니다. 실패를 두려워하지 말고, 열 번이든 백 번이든 용기를 내어 도전하라고 가르치는 곳이어야 합니다. 대학은 그럴 수 있는 시간과 기회를 제공하는 곳이어야 합니다.

기성세대가 사회에서 뒤늦게 경험했던 것들을 캠퍼스에서 미리 할 수 있게 해 준다면, 청년들이 부모 세대보다 "더 빨리, 더 지혜롭게 자기 삶을 개척해 나갈 수 있지 않을까" 하고 생각했습니다. 그래서 할 수 있는 한 학생들에게 많은 경험을 제공해 주고 싶었습니다.

또한 대학은 학생 스스로 도전하는 법, 자기 꿈을 찾아가는 법과 함께 남과 더불어 살아가는 법을 가르쳐야 합니다. 혼자서는 꿈을 이룰 수 없습니다. 젊은이들이 서로의 꿈을 이루도록 함께 돕고, 자기 꿈을 이루기 위해 도움을 청하는 법을 배울 수 있어야 합니다.

사실, 대학이 경험의 학교가 되어야 한다는 말은 어제, 오늘의 이야기가 아닙니다. 문제는 이것이 말처럼 쉽지 않다는 데 있습니다. 주변에서조차 SUNY Korea를 경험의 학교로 만들겠다는 나의 뜻에 선선히 동의해 주지 않았습니다. 미국 본교는 말할 것도 없습니다.

무엇보다 SUNY 자체가 무척이나 보수적인 학교입니다. 미국 동부의 전통 있는 학교이기 때문이기도 하지만, 주립대가 가진 한계이기도 합니다. 공립학교인 만큼 교직원들이 공무원들처럼 보수적인 성향이어서 새로운 일을 받아들이는 데 시간이 걸립니다. 새로운 일을 추진할 때마다 무척이나 당황하곤 했습니다.

그래서 학교 설립에 관한 세부사항을 결정할 때부터 학교 운영에 관한 모든 권한을 위임받았습니다. "내가 도덕적으로 학교의 명예를 실추하거나 역량이 부족하다면, 언제든지 해고해도 좋다. 하지만 나만의 혁신적인 아이디어로 SUNY Korea의 정착을 돕고 성장시키겠다"고 못 박았습니다. 경험상, 본교의 관행대로만 운영해서는 SUNY Korea를 진정한 경험의 학교를 만들기 힘들겠다고 판단했기 때문입니다.

그 후 나는 한 폭의 도화지에 경험의 학교를 위한 그림을 그려 나가기 시작했습니다. 다행히 연구 기관 경영의 오랜 경험과 건국대학교에서의 경험이 내가 목표한 바를 그려 내는 데 더없이 좋은 물감이 되었습니다.

경험의 학교라는 콘셉트는 바로 내 경험에서 나왔습니다. 어른이 되어서 어렸을 때 친구들을 만나니, 친구들이 종종 내게 여러 가지 삶의 문제들을 의논해 오곤 했습니다. 마치 내가 형이나 선배라도 되는 것처럼 말입니다. 내가 그들보다 능력이 더 뛰어난 것도 아니고, 상황이 더 편안한 것도 아니었습니다. 그런데 학창시절 나보다 공부를 잘했던 친구들도, 나보다 훨씬 더 좋은 대학을 나와서 남들이 부러워하는 직장을 다니던 친구들도 나를 찾아왔습니다. 신기하게도 나는 늘 친구들을 돕는 입장이었습니다.

곰곰이 생각해 보니, 그들과 나의 차이점이 하나 있었습니다. 그들에 비해 내가 더 많이 가진 것이 있었는데, 바로 경험입니다. 삶에서 겪는 모든 경험을 통틀어 말하는 것입니다.

세상이 아무리 지식 기반 사회라고는 하지만, 경험의 힘을 무시할 수는 없습니다. 경험이야말로 현장에서 가장 유용하고 정확한 지식이며, 경험을 바탕으로 하지 않고서는 새로운 것에 도전할 수 없기 때문입니다. 도전할 때는 최소한의 이론은 알아야 합니다. 하지만 이론만 알고 현장에 관한 기본 정보나 상황을 모른다면, 전문성이 아무리 뛰어나도 현장에서 발휘될 수 없습니다. 시대를 바꿀 만한 놀라운 기술과 아이디어들조차도 탁상공론으로 끝나 버리는 일이 허다한 이유가 바로 그 때문입니다.

하지만 그 분야에서 현장 경험이 있는 사람이 있다면, 상황이 달라집니다. 그 사람은 새로운 것을 현장에 심을 수 있는 통로가 됩니다. 현장이란 원래 수많은 시행착오와 실수와 실험이 반복되는 곳입니다. 현장에서 수많은 실수와 실패를 경험하면서 바위처럼 단단했던 사람이 부서지기 시작합니다. 그렇게 해서 얻은 수많은 경험이 낯선 무언가를 받아들이는 토양이 됩니다. 실패의 경험은 누구에게나 아픔입니다. 그러나 동시에 어떤 낯선 일도 두려워하지 않고, 품을 수 있는 삶의 소중한 토양이 되기도 합니다.

내게 그런 경험들을 허락해 주신 분이 바로 하나님입니다. 하나님의 사랑법은 연약한 우리를 구름으로 돌돌 말아서 단번에 땅끝에서 천국으로 옮겨 주시는 것이 아님을 알았습니다. 하나님은 자녀에게 실패하고, 고통받고, 시행착오할 수 있는 기회를 허락하심으로써 단단한 아집을 깨부수십니다. 삶의 모든 문제를 품고, 헤쳐 나갈 수 있는 경험의 토양을 만들어 주시기 위함입니다. 토양만 갖춘다면, 어떤 난관에 부딪혀도, 인생의 거센 폭풍우가 몰아닥쳐도 넉넉히 이기고 헤쳐 나갈 수가 있기 때문입니다. 그러므로 경험의 학교는 주님의 놀라운 사랑을 실천하는 학교입니다.

사회에 나가서 실패하고 낙오하고 상처받으면 많이 외롭고 많이 아픕니다. 그만큼 다시 일어서는 데 시간이 걸립니다. 그러나 캠퍼스에서 가능한 한 많은 경험을 통해 아플 만큼 아프고, 넘어질 만큼 넘어져 본다면, 사회에서도 어떤 어려움을 만나든지 다시 일어나 꿈을 향해 달리는 법을 배울 것입니다.

나는 SUNY Korea의 학생들이 그렇게 할 수 있도록 돕고 싶습니다. 이것이 바로 내가 다음세대를 위해 만들고 싶은 경험의 학교입니다.

학생과의 전쟁, 기숙 학교로 돌파하다

우리나라 고등학생들은 대학생이 되면 해방된다고 생각합니다. 그래서 술, 담배도 자유롭게 하고, 나아가 성생활도 문란해집니다. 나도 고등학교 때부터 술과 담배를 배웠습니다만, 요즘 대학생들은 내가 학교다니던 시절과는 비교도 할 수 없을 만큼 상태가 심각합니다. 특히 혼전 순결에 관해 진지하게 생각하는 학생들이 별로 없다는 사실을 알고는 큰충격을 받았습니다. 그뿐만 아니라 보통 수준의 우려와 예상의 범주를넘어서는 상황도 많습니다.

물론 우리나라 젊은이만 그런 것은 아닙니다. 또 어떻게 보면 젊은이들이 그렇게 된 것은 절대적으로 환경 탓이라고 할 수 있습니다. 기성세대는 돈을 많이 벌어야 자녀에게 최상의 것을 줄 수 있다고 생각했지만, 자녀들은 부모가 없는 공간에서 자기만의 행복과 만족을 얻으려고 했던 것입니다.

나를 가장 놀라게 한 사실은 자녀가 성격적으로 심각한 문제가 있어도, 공부만 잘하면 부모가 아무 말도 하지 않는다는 것입니다. 대학을 갈 때까지는 혹시라도 공부에 방해될까 봐, 아니면 공부 잘하는 자녀에게 무슨 흠집이라도 날까 봐 쉬쉬하며 눈감아 줍니다.

그렇게 자라난 젊은이들은 대학을 졸업하고 사회에 나가서도 같은 방식으로 살아갑니다. 공부 잘하고 일 잘하며 성적 좋고 실적도 좋습니다. 그러나 주변에 있는 사람들을 힘들게 하고, 거리낌 없이 상처를 주곤 합니다. 결국, 사람들로부터 외면받거나 버림받게 됩니다. 그래서 우리 사회가 갈수록 어지러워지는 것입니다.

나는 그런 환경에서는 아무런 미래도 그릴 수 없다고 판단하고, SUNY Korea를 기숙학교로 운영하기로 했습니다. 남녀 기숙사를 따로 운영하고, 엘리베이터도 남녀가 따로 사용하게 했습니다. 또 캠퍼스에서는 술과 담배를 할 수 없도록 규제하기로 했습니다. 이 모든 원칙은 학생들이 반드시 지켜야 하는 것으로, 위반할 때는 누구든 막론하고 정학 처분한다는 원칙을 세웠습니다.

이에 따라 SUNY Korea에 입학하는 학생들은 졸업하는 날까지 기숙사 생활을 해야 합니다. 기숙사에서도 크고 작은 사건들이 일어납니다. 최대한 기다리고 이해하고 봐 주곤 하지만, 원칙을 어기면 규정대로 엄격하게 처리했습니다. 그에 따라 성적이 매우 우수한 남학생이 여학생 기숙사에서 술을 마셨다가 정학 처분을 받고, 장학금이 취소되는 등 안타까운 일들이 있기는 했지만, 기숙사에서의 잡음은 갈수록 줄어들어 이제는 국내 대학 중에 가장 안전하고 조용한 기숙사로 정착해 가고 있습니다.

학생들 때문에 벌어지는 문제는 언제나 내 능력 밖이었습니다. 해결할 수 있으리라고 생각하는 것보다 훨씬 더 심각한 경우가 많았습니다. 하지만 그런 학생들을 보내신 주님의 사랑을 기억하며, 날로 깊어지는 인내의 샘물을 달라고 기도했습니다. 부모처럼 끝까지 참고 기다릴 수 있기만을 간절히 기도했습니다.

그 덕분에 큰 은혜를 경험했습니다. 기도는 했지만 차마 기대하지 못했던 일들이 일어났습니다. 주님은 부족한 내가 끝까지 가지 않도록 언제나 도우셨습니다. 대부분은 교직원들을 통해 일을 처리해 주셨습니다. 참 신기했습니다. 경력이 많고, 삶의 경험이 풍부한 시니어 교수들은 물론, 대학을 갓 졸업한 젊은 교직원들까지 모두가 부모의 마음으로 학생들을 어루만지고 기다려 주며 변화시켜 나갔습니다.

선한 것을 배우기는 어려워도, 짜릿한 일탈에 빠지는 것은 한순간입니다. 무엇보다도 자신이 잘못한 줄 알면서도 사과하지 않거나 자기 잘못을 인정하지 않는 학생들이 너무나 많다는 사실이 힘들었습니다. 이곳이 대학인지, 고등학교인지 모를 때도 많습니다. 많은 기다림과 노력이 필요합니다. 학생들과의 전쟁을 언제까지 해야 하나 하는 절망감에 무너질 때도 있지만, 그들이야말로 우리 거울이요, 우리가 빚은 오류의 희생양이라는 생각에 다시금 마음을 다잡고 그들과 마주 앉아 대화를 시작합니다.

SUNY Korea 교직원들은 학사 관리 외에도 관리해야 할 굵직한 글로벌 프로젝트가 많기 때문에 다른 대학 교직원들보다 훨씬 더 많은 일을 소화해야 합니다. 그럼에도 불구하고 밤늦도록 학생들과 대화하며 가족처럼 보살피는 교직원들을 보면서, 주님이 그 자리에 임재해 계심을 실감하곤 합니다.

나는 단언컨대 SUNY Korea의 교육적 선택이 옳다고 생각합니다. 비록 학생들과의 싸움은 힘들지만, 대학은 그들의 마지막 기회이기 때문입니다. 여기서 그들을 변화시키지 않으면, 그들 자신은 물론 주변 사람들도 불행하게 만들며 살아갈 것입니다.

4년간 기숙학교에서 지내는 동안에 학생들은, 어느덧 하나가 되고 가족이 됩니다. 상대방을 경쟁의 대상이나 짜릿한 재미를 누리는 대상으로 보는 대신에, 서로 소중히 여기고 존중하며 보살피고 협력해야 할 대상으로 보게 됩니다. 관계의 시행착오를 거치면서, 학생들은 선한 가치의 힘과 그것을 지켜 가면서 만나게 되는 진정한 삶의 행복을 깨닫게 되는 것입니다. 바로 이것이 엄격한 원칙으로 운영되는 기숙학교만이 줄 수 있는 최고의 혜택입니다.

학생의 성장을
돕는 RC 프로그램

기숙학교의 효과를 높이는 데 결정적인 역할을 하는 것은 바로 학부의 기숙사 생활 연계 프로그램(Residential College Program, RC 프로그램)입니다. RC 프로그램이란 시대가 필요로 하는 인재 양성을 위한 전인 교육을 목적으로, 전공과목이나 전공 지식만을 강조하는 풍토에서 벗어나, 학생 개개인의 잠재력을 키우고 인격을 함양하며 시대가 직면한 글로벌 이슈들을 보는 안목을 키우는 동시에 이를 해결해 내는 글로벌 리더로 성장할 수 있도록 돕는 프로그램입니다.

RC 프로그램은 매주 화요일과 목요일에 운영하는데, 화요일에는 주로 각 분야 전문가의 강연을 통해 자기 꿈과 진로에 관한 멘토링을 받는 시간을 갖습니다. 목요일에는 학생들 스스로 다양한 취미 활동 동아리를 만들어 활동하는데 봉사활동 클럽, 운동 클럽, 독서 클럽, 음악 클럽, 댄스 클럽, 오케스트라, 스타트업 창업 클럽 등이 운영되고 있습니다. 연말 송년 파티에서 취미 활동을 통해 갈고닦은 재능을 유감없이 발휘하곤 합니다.

또한 단계별로 짜여 있어서, 1학년 때는 자기 꿈을 찾아가는 과정을 통해 삶의 진정한 의미와 행복의 의미를 깨닫고, 봉사활동을 통해 다른 사람들의 꿈과 삶을 이해하는 기회를 갖게 합니다.

2학년이 되면, 미국 뉴욕의 SUNY 본교에서 1년간 수업을 받습니다. SUNY Korea에서는 가족 같은 분위기에서 친밀한 관계 속에 교수들의 집중적이며 열정적인 지도를 받으며 공부할 수 있다는 장점이 있습니다. 그러나 뉴욕 캠퍼스에서는, 전 세계에서 온 우수한 영재들과 글로벌 네트워크를 경험하는 동시에 스스로 공부하는 법을 배울 수 있습니다. 그뿐만 아니라 세계적인 규모의 캠퍼스에서 다양한 이벤트와 취미 활동을 경험하며 인턴십을 통해 자신의 가능성을 새롭게 발견하고, 경험을 쌓기도 합니다.

2학년을 마치면, 한국으로 돌아와 3학년부터 졸업할 때까지 전공 수업만큼이나 심도 있는 리더십 교육을 받으며 기업가 정신을 훈련할 기회를 갖습니다. 또한 본격적인 인턴십을 통해서 구체적으로 진로를 찾아갑니다. 이때 SUNY Korea의 취업지원센터가 결정적인 역할을 합니다.

취업지원센터는 맞춤형 인턴 프로그램을 통해 학생들을 1학년 때부터 유명 기업이나 다국적 기업에 인턴십을 보냅니다. 상담실 교사들이 상담 내용을 토대로 학생의 기본 성품과 자질에 관한 정보를 공유하여 그의 장단점을 파악합니다. 거기에 학생의 흥미와 재능을 고려해서 적절한 기업과 기관으로 인턴을 보내는 것입니다. 졸업반은 테스크포스팀을 조직해 더욱 세밀하게 배려한 인턴 프로그램을 제공합니다.

"대학의 규모가 작으니 그런 관리가 가능하지 학생이 많으면 어림도 없을 것"이라고 고개를 젓는 사람도 있습니다. 실제로 학생이 많아지면, 관리가 쉽지 않을 것입니다. 그래서 나는 재학생 수를 최대 3천 명으로 정했습니다. 학생이 성장하지 않는 대학은 성장할 수 없기에 학교에서 관리할 수 있는 정도로만 학생을 받기로 한 것입니다.

교직원들이 학생 모두를 잘 알아야 합니다. 가족처럼 학생 한 명, 한 명을 맞춤형으로 섬김으로써 그들의 자존감을 살려 주며 무너진 인격을 회복하도록 다양한 경험을 쌓을 기회를 주어서 일당백(一當百), 아니 일당만(一當萬)까지도 할 수 있는 알찬 인재를 만들어 내는 것이 목표이기 때문입니다.

RC 프로그램은 전공과목이 아니기 때문에 시험을 보지는 않지만, 자발적인 참여와 봉사 정신과 진정성 있는 태도와 변화의 정도를 보고 평가하고 있습니다. 하지만 평가에 목적이 있는 것이 아니라, 학생 자신이 삶의 의미를 발견하고 학업의 진정한 목적과 행복의 가치를 찾아가도록 돕는 것이 목적이기에, 학생들이 자기 능력을 키워서 꿈을 향해 목표대로 가고 있는가를 주로 봅니다.

그러나 교양필수과목처럼 학점이 있는 정규 과목이며, 전교생 누구도 빠져서는 안 되는 필수 과목이라는 점이 중요합니다. 봉사든 자기 계발이든 모두 학점과 관련 있기 때문에 모든 학생이 의무적으로라도 자기 미래와 꿈과 삶의 목표에 관해 고민하지 않으면, 성적은 물론 졸업하는 데도 어려움을 겪게 됩니다. 그러므로 전공 공부를 하는 틈틈이 RC 프로그램에도 열정적으로 참여해야만 합니다.

다른 대학의 학생들은 이수하지 않아도 될 과목을 하나 더 해야 하는 부담감이 틀림없이 있을 것입니다. 그러나 학생들은 학점 외에도 얻는 것이 더 있습니다. 바로 성숙한 인간관계와 공동체 생활에 성공하는 능력을 얻게 됩니다.

예를 들어, RC 프로그램 가운데 레지덴셜 홀(Residential Hall) 미팅이 있습니다. 한 달에 한두 번 정도 학생들이 자치적으로 여는, 일종의 기숙사 가족회의입니다. 학생들 스스로 기숙사 생활의 어려움을 나누고, 서로에게 피해를 주지 않기 위해서 유익한 규칙들을 만들곤 합니다. "밤 10시 이후에는 큰소리를 내지 않고, 떠들지 않는다" 혹은 "교내 금주·금연을 지키기 위한 우리만의 약속" 같은 것들을 만들어 자발적으로 지키고 있습니다. 이 과정에서 학생들은 기존 학교생활에서 미처 배우지 못했던 양보와 협력을 배우고, 배려를 통해 어우러지는 공동체 생활을 경험합니다.

기숙사 생활을 하지 않는 대학생들은 주로 자기 취향에 맞는 사람들과 친구가 됩니다. 단짝을 만들고, 소그룹을 만들어 소위 '또래 그룹'의 수준을 벗어나지 못합니다. 소위 '끼리끼리' 문화의 또래 그룹은 유치원에서 시작되어 대학까지 계속되고, 나중에는 직장에서도 비슷한 인간관계를 형성합니다.

그런데 SUNY Korea 기숙사에 모인 학생들은 서로 공통점이 거의 없습니다. 성장 배경이나 출신 국가나 피부색이나 언어가 다르며, 채식주의자가 있는가 하면 자기 나라 전통 의상만 입고 다니는 친구도 있습니다. 이전까지 가졌던 '자기 취향'을 기숙사에서는 고집할 수가 없습니다. 게다가 그들과 한마음이 되지 않으면, 4년 학교 생활이 매우 불편해질 수 있습니다. 그러니 어쩔 수 없이 자신을 조금씩 열어 갈 수밖에 없습니다.

그 과정에서 뜻밖의 친구를 얻습니다. 피부색이나 성장 배경이나 다른데가 많아서 공통점이라고는 찾을 수 없을 것만 같던 친구가 생각보다 친절하거나, 매우 총명하거나, 세심한 배려심이 있거나 해서 놀랍니다. 기대하지 않았던 친구들을 사귀게 되면, 다른 사람들에게도 호기심을 갖게 됩니다. 그때부터 마음의 벽을 허물고 다가서기 시작합니다. 그렇게 해서 글로벌 공동체가 형성됩니다. 이것이 바로 RC 프로그램을 통해 얻게 되는, 점수로 환산할 수 없는 성과입니다.

꿈을 찾은 아이는
삶이 바뀐다

　요즘 젊은이들에게 가장 어색하고 적응하기 어려운 단어 중의 하나가
바로 '꿈'이라고 합니다. 우리 세대에게 꿈은 젊음의 상징이었습니다. 꿈
이 없으면 청년이 아니었습니다. 그런데 정작 우리 자녀에게는 꿈에 관
해 얘기해 준 적이 거의 없습니다.

　SUNY Korea의 초창기 신입생들도 크게 다르지 않았습니다. 꿈이 뭐
냐고 물으면, 대답을 못하는 학생이 많았습니다. 졸업하고 좋은 직장에
들어가 돈을 많이 버는 것이 꿈이라고 대답하는 학생이 상당수였습니다.

전 세계 인재들이 모였으니, 다양한 꿈 이야기가 펼쳐지리라고 기대했던 나는 큰 충격을 받았습니다. 특히 우리나라 학생 중에 그런 경우가 더 많았습니다.

어떻게 생각하면 당연한 일입니다. 가정이나 학교에서 그들의 꿈이 무엇인지 물어보고, 거기에 관심을 쏟아 주지 못했으니까요. 그러나 젊은이들에게 꿈이 없다는 것은 곧 우리가 살아갈 미래가 없다는 뜻입니다. 청년들의 비관적인 믿음대로 세상이 지금보다 더 나빠질 것이고, 더 험악해질 것이라는 뜻이기 때문입니다.

그래서 RC 프로그램을 통해 학생들에게 묻기로 했습니다.

"넌, 꿈이 뭐니?"

이 질문을 통해 자신이 진정으로 원하는 꿈이 무엇인지를 찾게 도와주고, 그 꿈을 통해 자기 삶을 행복하게 꾸려 가는 것은 물론, 시대에 꼭 필요한 인재가 될 수 있다는 확신을 심어 주기로 했습니다. 더 나아가 꿈을 향해 달려갈 수 있도록, 할 수 있는 모든 지원을 아끼지 않기로 결정하고 실천에 옮겼습니다.

꿈이 있는 청년과 꿈이 없는 청년은 삶이 완전히 다릅니다. 자기가 원한 전공이 아닌 경우가 많다 보니 왜 공부를 해야 하는지, 앞으로 어떻게 살아가야 할지를 몰라 갈팡질팡하는 학생이 많습니다. 그런데 꿈이 생기고 삶의 목적이 생기면, 그들도 180도로 바뀝니다.

사실 나도 대학 시절에는 요즘 대학생들처럼 미래에 관해 별생각이 없었습니다. 그러다가 유학을 떠났고, 박사가 되어 돌아왔지만 몇 년 지나지 않아 반복되는 일상에 허망함을 느끼기 시작했습니다. 처음에는 그 이유를 몰랐지만, 시간이 지나면서 중요한 사실을 깨닫게 됐습니다.

남들이 부러워하는 공학박사가 되고도 삶이 허무했던 것은, 그 삶이 내 꿈이 아니었기 때문이었습니다. 그것은 돌아가신 아버지의 꿈이었습니다. 나는 아버지의 하나밖에 없는 아들이자 아버지의 희망이었습니다. 나를 끔찍이도 사랑하셨던 아버지의 꿈을 이뤄 드리기 위해 유학을 갔던 것입니다. 열심히 공부해서 박사가 되었고, 한국의 과학자라면 누구나 꿈꾸는 곳, 대덕연구단지에 입성했습니다.

하지만 그 삶은 내 꿈이 아니었습니다. 과학자로서 사는 삶은, 내가 가장 잘할 수 있는 것도 아니었고, 내가 가장 원했던 삶도 아니었습니다. 그때부터 내가 원하는 삶이 무엇인가, 또한 내가 잘할 수 있는 일이 무엇인가를 고민하기 시작했습니다. 그러던 중에 복음을 만났던 것입니다.

내 존재 이유와 달려가야 할 방향이 명확해지면서 모든 것이 달라졌습니다. 청년들도 자기 꿈을 발견하면, 그 삶이 달라질 것입니다. 문제는 꿈을 찾을 줄 모른다는 데 있습니다. 입시 경쟁을 위해 자녀가 원하지 않는, 많은 것을 강제로 하게 한 탓에 그들은 정작 자신이 무엇을 잘할 수 있는지조차 모른 채 대학에 들어왔습니다. 그래서 학생들에게 꿈을 찾는 방법부터 가르쳐야 했습니다.

어떻게 해야 꿈과 인생의 방향을 찾을 수 있을까요? 나는 흔히 세 가지 질문을 던집니다.

첫째, "내가 좋아하는 것이 무엇인가?"

둘째, "내가 잘할 수 있는 것은 무엇인가?"

셋째, "내게 보람이 있는 것은 무엇인가?"

이 세 가지 질문의 교집합에 꿈이 있습니다.

꿈이 무엇이냐는 질문에 처음에는 매우 당황하며 난감해하던 학생들이 나중에는 SUNY Korea에서 비로소 꿈을 찾았다고 말하곤 합니다.

처음엔 RC 프로그램이 학점이 걸린 과목이기에 마지못해 발표하기는 했어도 그 꿈이 이루어지리라고는 별로 기대하지 않던 학생들이 많았습니다. 그런데 개발도상국에서 유학 온 영재들을 만나고부터는 예상치 못했던 일들이 벌어졌습니다. 그들은 비록 가난한 나라 출신이지만, 자기 미래에 관해 누구보다도 절실하며 자신뿐 아니라 자기가 살던 지역이나 자기 나라의 어려운 이웃들을 위한 꿈을 품고 있는 경우가 많았습니다.

에티오피아에서 온 라헬은 어린 시절에 목격했던 도심의 풍경을 잊지 못합니다. 부모를 따라 시내에 나갈 때마다 아이들이 거리를 배회하는 모습을 본 것입니다. 먹을 것이 없고, 학교도 다닐 수 없어서 그랬다는 것을 나중에야 알았습니다. 라헬은 그들이 고장 난 라디오나 지저분한 장난감을 가지고 노는 것을 보고 마음이 아팠다고 했습니다. 그녀의 꿈은 그 아이들에게 뛰어놀 수 있는 운동장과 학교를 만들어 주는 것입니다. 라헬은 그러한 소망을 품고 한국에 왔습니다.

캄보디아에서 온 헹은 세미 마라톤을 네 번이나 완주하고 그림, 노래, 피아노 연주까지 못 하는 게 없습니다. 캄보디아 왕립고등학교를 졸업했고, 전국에서 학력 순위 20위권에 든 수재입니다. 그의 꿈은 한국의 발전된 기술과 문화를 고국에 전하는 것입니다.

이란에서 온 사라는 한국계 혼혈인입니다. 아버지는 이란인이고, 어머니가 한국인입니다. 생김새는 이란인인데 우리말을 잘합니다. 사라는 SUNY Korea에 감동해서 고국에 SUNY Korea 같은 학교를 세우고 싶다고 합니다. 지금은 졸업해서 우리나라 대기업에서 일하고 있습니다. 나는 사라의 꿈을 응원합니다. 가능한 모든 방법을 동원해서 그녀가 꿈을 이룰 수 있도록 도울 생각입니다. 사라가 이란에 세워질 학교에서 교수나 교직원으로 일할 수 있도록 도울 것입니다.

개발도상국 영재들의 진지한 꿈 이야기를 듣고, 도전받은 우리나라 학생들이 스스로 원하는 것이 무엇인지를 돌아보고, 어릴 때 품었던 꿈이나 자신이 하고 싶었던 것이 무엇인지 진지하게 고민하며 이야기하기 시작했습니다. 개발도상국 학생들은 우리 지원을 받는 데서 그치지 않고, 우리나라 학생들이 자기 꿈을 찾는 데 필요한 자양분을 제공해 주었습니다. 상대적으로 목표 의식이 낮았던 우리나라 학생들에게 매우 긍정적인 영향을 미쳤습니다. 개발도상국 학생들과의 만남에서 상상 이상의 긍정적인 시너지 효과가 일어난 것입니다.

학생들은 자기 전공이나 자신이 몸담고 싶은 분야에 관한 꿈을 구체적으로 키워 가고 있습니다. 개발 중인 프로그램이나 구상하고 있는 사업에 관해 진지하게 설명하고, 친구들이나 교수들에게 코칭을 받기도 합니다. 그렇게 하면서 자기 정체성을 조금씩 되찾고, 이제까지와는 전혀 다른 각도에서 자기 미래를 바라보고 계획을 세우는 등 변화가 일어나고 있습니다.

학생들의 꿈을 키워 주기 위해 나는 교직원들에게 SUNY Korea가 올바른 교육을 하고 있는지, 진정한 대학으로 성공했는지를 다음 두 가지로 평가하겠다고 제시했습니다.

첫째는 "얼마나 많은 학생이 SUNY Korea를 통해서 삶의 목적을 올바로 깨달았는가"입니다. 이 기준을 확대하여 해석하면, 학교 슬로건인 "히스토리 메이커"(History Makers), 즉 "새로운 역사를 만드는 사람들"과 연결됩니다. 우리는 세상을 널리 이롭게 하는 홍익인간, 다시 말해서 세상을 바꿀 미래 인재들을 배출하기 위해 SUNY Korea의 문을 열었습니다.

이 목표를 달성하기 위해서, 학생들에게 자기 꿈과 삶의 목적을 찾을 기회를 제공하고, 그 꿈을 향해 달려갈 수 있도록 도울 것입니다. 그리고 먼 훗날, 그들이 히스토리 메이커로서 살아가는 모습을 보고 대학을 평가하고자 합니다. 그들이 성공하면 우리도 성공한 것입니다. 그들이 실패하면 우리 역시 실패한 것입니다. 대학이 아무리 유명해지고, 아무리 학생 수가 많아져도 세상으로 나간 졸업생들이 세상을 유익하게 하는 구성원으로 살아가지 못한다면, 우리는 존재할 의미가 없기 때문입니다.

두 번째 평가 기준은 "긍정적인 가치를 얼마나 많이 창출했는가, 즉 사회에 얼마나 많은 영향을 끼쳤는가"입니다. 4학년 학생들에게도 "이 사회를 어떻게 변화시킬 것인가"를 주제로 한 리포트를 제출할 것을 요구합니다. SUNY Korea를 통해, 교직원들을 통해, 또한 학생들을 통해 창출된 긍정적이고 유익한 가치의 질과 양으로 학교의 성공 여부를 가늠하겠다는 의지입니다.

개발도상국에
빛을 갚다

잘 알려진 사실이지만, 한국은 전 세계에서 후진국에서 선진국으로 가장 빨리 발전한 이상적인 나라입니다. 우방들의 도움으로 전쟁의 잿더미를 딛고 일어났으며, 지구촌을 상대로 무역을 해서 경제를 일으켰습니다. 우리 성공은 지구촌 가족에 빚진 바가 큽니다.

이제 우리 이슈는 잘 먹고 잘사는 것이 아니라 나눔이 되어야 합니다. 나눔을 실천하는 나라는 국제 사회에서 대접받습니다. 우리나라가 지금처럼 아픔을 겪는 것은 더 많이 나누지 못했기 때문인지도 모릅니다. 국제 사회에서 존경받는 진정한 선진국이 되려면, 그만큼 더 많이 나누어야 합니다.

다른 민족, 다른 나라의 유익을 구하는 나라만이 진정한 이웃 나라, 믿을 만한 우방이라는 신뢰를 얻을 수 있습니다. 나눔을 강조하는 국가 경영 철학은 성경적입니다. 우리가 그렇게 나아갈 때, 하나님이 우리나라를 축복하실 것입니다.

더구나 개발도상국들에 한국은 감동적인 경제 모델입니다. MIT의 노암 촘스키(Noam Chomsky) 교수는 "가장 바람직한 발전모델이 될 만한 나라는 어디입니까?라는 질문을 받았을 때 주저 없이 '한국'을 꼽았다고 합니다. 촘스키 교수는 그 이유를 다음과 같이 말했습니다.

"한국은 식민지 시대를 살다가 바로 전쟁을 겪었으며, 이 폐허에서 다른 나라의 도움 없이 경제 부흥을 이루어냈다. 정치적으로는 독재 정권하에서 평화적인 방법을 통해 민주화를 이루었으며, 이를 통해 인권의 급진적인 향상을 이룰 수 있었다. 또 휴대폰, 초고속 인터넷 보급률은 이제 최고 수준에 이르렀다…."

많은 개발도상국이 한국을 배우기 위해 찾아옵니다. 우리가 겪었던 모든 시행착오가 그들에게 도전과 용기의 이유가 되기 때문입니다. 그런 이유로, 개발도상국의 영재들에게 미국 대학의 수준 높은 교육을 제공함과 동시에 우리나라를 직접 경험하게 하고자 하는 생각을 하게 됐습니다. 그래서 주요 개발도상국을 대상으로 학생들을 모집했습니다. 전액 장학금을 지원할 테니, 대신에 그 나라에서 최고로 뛰어난 영재를 보내

달라고 요청했습니다. 그들에게 주는 장학금은 외부 프로젝트를 유치함으로써 확보할 수 있었습니다.

파격적인 조건으로 개발도상국의 영재들을 모집하러 나섰는데, 첫 한두 해 동안은 반응이 기대 이하였습니다. 그래서 우리나라에 파견된 외교관들을 초청하여 SUNY Korea를 소개했으며, 한국에 대사관이 없는 나라는 일본 주재 대사관으로 찾아가서 우수한 학생들을 추천해 달라고 부탁했습니다. 하지만 개발도상국 교육 담당자들의 인식이 부족하다 보니 우리 제안이 얼마나 파격적인지 알지 못했습니다. 되레 우리가 몇 번이나 재촉하고, 학생 선발 기준을 조정하면서까지 학생 한 명씩, 한 명씩을 찾아내야 했습니다. 그런데 이제는 학교가 많이 알려지면서 오히려 많은 개발도상국 대사와 외교관들이 자국 학생을 SUNY Korea에 보내기 위해 우리 학교를 방문하는 상황이 되었습니다.

개발도상국마다 고등학교 과정의 교과 수준은 천차만별입니다. 어떤 나라는 교육 과정이 10학년에서 끝나기 때문에 대학 공부를 할 역량을 갖추기에는 부족했습니다. 국경을 맞대고 있는 이웃 나라끼리 사람들의 생김새나 문화가 비슷하면서도 학력에서는 이상하리만치 큰 차이가 나기도 했습니다. 학력 수준이 아주 높은 개발도상국 학생 중에는 이기적인 성향이 강한 학생들도 있었습니다. 고교생의 세계 박람회장을 보는 착각이 들 정도로 다양했습니다.

그러나 학생의 수준이 어떠하든지 상관없이 SUNY Korea에 입학하는 순간, 옛 습관과는 결별해야 합니다. 개발도상국 학생들을 선발하는 과정에서 만난 아프리카 학생들은 기대 이상이었습니다. 사실 그들을 직접 만나기 전에는 개인적인 편견을 가지고 있었습니다. 내가 미국에서 공부할 당시에 흑인들의 대학 입학률은 아주 형편없었고, 졸업률 또한 매우 낮았기 때문입니다. 그런데 SUNY Korea에서 만난 아프리카 학생들은 하나같이 매우 인상적이었습니다.

그중 한 사람이 바로 가나에서 온 카리스 아센티제이입니다. 목사의 아들인 카리스는 영어를 완벽하게 구사하며, 겸손한 태도와 열린 마음으로 모든 사람의 사랑과 신뢰를 얻었고, 학생들 사이에서 아름다운 리더십을 발휘하고 있습니다. 볼수록 참 놀라운 청년입니다. 카리스는 SUNY Korea에서 박사 학위까지 마치고 귀국하겠다는 의지를 불태우고 있습니다.

그 외에도 부르키나파소에서 온 옐비 발리마가 있습니다. 그는 명문가 출신의 세련되고 멋진 남학생입니다. 집안의 막내로 자라 철이 없을 법도 한데, 기술경영학을 전공하여 가난한 부르키나파소의 오지를 기술로 변화시키겠다는 야무진 꿈을 품고 한국에 왔습니다.

첫해에 개발도상국에서 온 학생들은 10여 명이었습니다. 입학식을 하기 전에 그들과 만나서 인사를 나누고, 고깃집에서 저녁 식사를 대접했습니다. 낯선 나라에서 건강하게 공부하기를 바라는 마음에 양껏 먹을 수 있게 배려했습니다. 식욕이 어찌나 왕성하던지 한 끼 식사비로 100만 원 넘게 지출해야 했지만, 즐겁게 식사하는 모습을 보는 것만으로도 한없이 뿌듯했습니다. 그 후로도 가끔 학생들과 식사하곤 하는데, 배부르게 먹는 것만 봐도 기분이 좋습니다. 자식 입에 밥 들어가는 소리만큼 듣기 좋은 소리가 없다고 하더니, 그 말이 맞습니다. 그들을 바라보며 벙긋 웃으니, 아내가 "당신은 천생 선생님인 것 같아요" 하고 말해 주었습니다.

개발도상국 학생들 덕분에 SUNY Korea 총장으로서 가장 행복한 순간을 누리기도 했습니다. 그들이 우리 부부를 저녁 식사에 초대해 주었는데, 각자 자기 나라 음식을 준비해 왔습니다. 처음 먹어 본 음식이라 요리 솜씨를 가늠할 수는 없었지만, 식사 후에 피아노와 기타 연주까지 해 주는 등 그들의 마음 씀씀이에 마냥 행복하기만 했습니다. 잊을 수 없는 추억입니다.

지구촌의 다양한 민족들이 한곳에 모여 공부하며 서로에게 긍정적인 영향을 미치며, 미래 지도자로 성장해 가는 학교가 내가 꿈꾸는 이상적인 SUNY Korea의 모습입니다. 그런 의미에서 현재 SUNY Korea에는 개발도상국뿐만 아니라 미국, 캐나다, 중국, 대만, 일본, 러시아, 덴마크 등 35개국에서 온 다양한 학생들이 공부하고 있습니다. 앞으로 개발도상국 장학 프로젝트의 대상을 더 늘려서 100개국 이상의 학생들이 SUNY Korea에 함께 모여 공부하고 생활할 수 있도록 할 계획입니다. 또한 SUNY Korea 캠퍼스가 수용할 수 있는 총 학생 수의 절반은 개발도상국 학생들을 중심으로 한 외국 학생들로 채울 생각입니다. 미국 대학이면서 동시에 국제적인 대학이 되어 글로벌 코리아의 장을 마련하기 위함입니다.

해외 봉사에서 얻은 값진 경험

SUNY Korea의 입학식에서는 신기한 광경을 볼 수 있습니다. 분명히 입학식인데 마치 졸업식인 듯 학생들끼리 무척이나 친해 보이기 때문입니다. 참석자들이 어떻게 이런 일이 있을 수 있을까 하며 의아해 하는데, 입학하기 전에 봉사 활동부터 한 덕분입니다.

신입생들은 입학하기 5일 전부터 캠퍼스에서 오리엔테이션 기간을 갖는데, 하루는 신입생들 모두 봉사활동을 떠납니다. 학생들이 그룹을 나누어 노인요양시설에 가서 함께 청소하고 간단한 노래와 춤 공연을 선보이며 노인분들과 즐거운 시간을 보내기도 하고, 낙후된 지역 거리에 벽화를 그리기도 합니다. 또 어떤 그룹은 쪽방촌 독거노인을 방문해서 집을 청소하고, 노인분들의 말벗이 되어 주기도 합니다. 또 다른 그룹은 고아원이나 보육원에 가서 애들과 같이 공부하고 놀아 주며 뜻깊은 시간을 보냅니다. 빵을 직접 구워 만들어서 거리에 배고픈 이들에게 나눠 주는 그룹도 있습니다. 그렇게 입학 전부터 오리엔테이션 기간을 통해 서로 친해지고 힘들지만 보람된 봉사 활동을 같이 다니니 입학식에 참여하는 학생들이 당연히 서로 친할 수밖에 없습니다.

SUNY Korea 학생들은 국내뿐 아니라 해외에서도 봉사 활동이 활발합니다. RC 프로그램에 해외 봉사 활동이 포함되어 있기 때문에 다른 대학들보다 상당히 많은 학생이 해외 활동에 참여합니다. 대개는 함께 공부하는 친구들의 나라로 가기 때문에, 학생들은 해외에서 봉사하면서 학점도 따고, 친구네 집도 가 보게 되니 일석삼조라고 말합니다. 짧게는 일주일, 길게는 약 2주간에 걸친 봉사 활동을 끝마치고 나면, 학생들은 모든 면에서 훌쩍 성장해 있습니다.

2016년 가을에 KBS 〈다큐 공감〉이라는 프로그램에서 우리 학생들의 해외 봉사 현장을 담은 다큐멘터리를 방영했습니다. 캄보디아와 부르키나파소에서 봉사한 모습이 생생하게 담겼습니다.

캄보디아 팀이 프놈펜에서 100킬로미터쯤 떨어진 곳에 있는 돈마오 마을에 학교를 지어 주는 봉사를 하러 갔다가 뜻밖의 경험을 하게 되었습니다. 밤사이 초강력 돌개바람이 불어서 얇은 널빤지에 양철 지붕을

없은 집에서 잠자던 학생들의 방에 갑자기 물이 들이닥치는가 하면, 텐트가 바람에 날아가는 등 황망하게 하는 사건이 벌어졌던 것입니다.

안전에 관한 불안감으로 완전히 의기소침해진 봉사단은 그대로는 더 진행할 수 없다는 위기감을 느꼈으나, 어린아이들이 공부하는 학교 건물도 비슷한 처지라는 사실을 알고는 아이들을 위해서라도 돌개바람을 넉넉히 이겨 내는 튼튼한 학교를 지어야겠다고 다시금 결심했다고 합니다. 그리고 나서 체감 온도가 40도를 웃도는 더위 아래 일사불란하게 움직여서 마침내 학교 건물을 지어 냈습니다. 그리고 완성된 학교 담벼락에 자기들 이름을 새겼습니다. 그곳을 잊지 않고 기억하겠다는 뜻에서 한 것입니다.

부르키나파소로 갔던 봉사단도 많은 것을 배우고 돌아왔습니다. 아프리카 서부에 있는 부르키나파소에서 온 옐비 발리마는 고국에 지속 가능한 친환경 에너지를 공급하겠다는 꿈을 품고 기술경영학을 공부하러 왔습니다. 그 사실을 알게 된 친구들이 학교의 지원으로 옐비의 꿈을 이루어 주기 위해 부르키나파소에 청정에너지를 공급하는 프로젝트를 시작했고, 기술경영학과 이종일 교수를 비롯한 세 명의 교직원과 옐비 발리마, 그의 단짝 김준영, 가나 출신의 카리스 아산티제이 등 기술경영학과 선후배와 컴퓨터과학과의 최승주까지 네 명의 학생이 현지로 출발했습니다.

학생들은 지인들을 통해 현지 아이들에게 전달할 학용품에서부터 생필품과 병원용 의약품까지 열일곱 상자나 챙겨서 가져갔습니다. 또한 단

두 번의 과학 캠프를 진행하기 위해 한국창의재단이라는 정부 기관에 가서 교육을 받고, 과학 캠프 강사 자격증을 따는 등 준비를 철저히 한 결과, 현지에서 과학 캠프를 멋지게 해냈습니다.

현장에서의 결과는 기대 이상이었습니다. 무엇보다 학생들 스스로 배운 것이 너무나 많았습니다. 현장에서 일하다 보면, 각자 맡을 역할이 자연스럽게 생기기 마련입니다. 가나 출신의 카리스는 전체 프로젝트 진행을 맡았고, 옐비는 고향 부르키나파소에서 친구들을 안내하는 역할을 했습니다. 김준영 학생은 기술적인 부분들을 꼼꼼히 점검했으며, 최승주 학생은 회계를 맡았습니다.

그들이 부르키나파소의 오지 사노고 마을에서 수행한 우물 파기와 전기 공급 프로젝트는 단순한 작업이 아니었습니다. 우물을 파려면, 현지 업체와 계약부터 해야 합니다. 이 작업은 옐비의 몫이었습니다. 학교 행정 부서나 담당 교수가 해도 되었지만, 그가 직접 처리하도록 했습니다. 옐비는 계약을 진행하면서 이런 생각을 했다고 합니다.

"마을에 깨끗한 식수가 공급되면, 그곳이 곧 지역의 중심지가 될 것이라고 생각했어요. 워낙 물이 귀한 지역이라 사람들은 물이 있는 곳으로 모이기 마련이거든요. 자연히 사람들의 왕래가 잦아질 테고, 그러면 그곳 주민들의 소득도 자연히 늘어나게 될 것입니다."

이제 겨우 스무 살 남짓한 청년이 지역 경제 활성화의 시각에서 우물을 본 것입니다. 학생들은 이미 비즈니스맨으로서 사업 타당성 분석에서부터 사업 효과 예측까지 공공 분야의 대규모 프로젝트를 수행하는 데 필요한 경험들을 쌓고 있었습니다.

학생들은 우물을 파는 과정에서도 많은 것을 배웠습니다. 식수로 쓰려면 적어도 지하 30미터 이하에 있는 물이어야만 한다는 것과, 아프리카에 당장 필요한 기술은 첨단 기술이 아니라 적정 기술이라는 것 등을 알게 되었습니다. 해외 봉사 활동이라기보다 현장 학습이라고 해도 무방할 만큼 생생한 경험을 한 것입니다.

사노고 마을에서의 우물 파기 작업은 오래되고 낙후된 장치를 가진 공사 차량과 많은 노동자의 힘으로 진행되었습니다. 6미터짜리 파이프를 연결하여 땅 밑으로 계속 밀어 넣는 방식으로 진행되었는데, 파이프를 밀어 넣는 자동 장치가 없어서, 자전거 체인 모양의 줄을 사람들이 당겨서 밀어 넣어야 했습니다. 그 바람에 지하 30미터까지 파이프를 밀어 넣는 데 장장 열두 시간이나 걸렸습니다. 그 과정을 지켜보며 아프리카에서 사업을 하거나 프로젝트를 진행할 때는 철저한 사전 조사가 얼마나 중요한지를 배웠다고 합니다.

보건소의 태양광 전기 보급 프로젝트도 마찬가지였습니다. 그들은 단순히 솔라 패널을 사서 설치해 주는 것으로 끝나지 않았습니다. 그 지역에 전기가 왜 필요하며, 얼마나 절실한가부터 배웠습니다. 전기 공급이 마을 사람들의 삶을 얼마나 바꿀 수 있는가를 예측하는 작업도 했습니다. 또한 보건소에 설치할 전기의 규모가 어느 정도 되어야 충분한지, 패널 하나당 공급할 수 있는 전력량이 얼마나 되는지, 패널을 한국에서 사 가야 하는지 아니면 현지에서도 구할 수 있는지 등을 조사하며 다양한 경험을 쌓았습니다.

그들이 현장에서 체득한 모든 경험은 사회에 나갔을 때 다른 사람보다 몇 년을 앞서갈 수 있는 천금 같은 실력이 될 것입니다. 해외 봉사 활동을 통해서 학생들은 사회에 나가서 겪게 될 일들을 미리 경험하고, 그 경험이 전공 공부에도 상당히 큰 영향을 미치게 됩니다. 실제로 기술경영학과 학생들은 자신들이 배운 기술로 개발도상국을 어떻게 도울 수 있는지를 배웠을 뿐만 아니라 앞으로 어떤 것을 공부해야 세상에 도움이 되고, 세상이 자신을 필요로 하게 될지를 터득했다고 합니다.

강의실에서는 결코 깨달을 수 없는 소중한 지혜와 경험을 쌓을 수 있는 봉사 활동 현장이야말로 돈으로도, 기술로도 지을 수 없는 천혜의 경험의 학교입니다.

대학생판
'우리 아이가 달라졌어요'

참다운 교육에 관한 고민이 시작됐을 무렵, 부산대학교 교수에게서 부산대 설립 과정을 듣고 큰 감명을 받았습니다. 한국 교육계의 귀한 선각자인 고 윤인구 목사에 관한 이야기도 들었습니다.

윤인구 목사는 부산대학교 설립자이자 초대 총장입니다. 미국 프린스턴대학교에서 신학 석사 학위를 취득한 윤 목사는 부산대학교를 세울 때, 프린스턴대학의 아름다운 캠퍼스처럼 만들고 싶다는 꿈을 품었습니다. 그러나 당시는 한국 전쟁 중이었고, 캠퍼스 부지는 고작 2천 평 남짓

뿐이었습니다. 윤인구 목사는 전쟁을 피해 전국에서 피난 온 청년들을 위해 어렵사리 대학을 경영하면서도, 50만 평 규모의 캠퍼스를 만들겠다는 꿈을 놓지 않았습니다. 그리고 결국, 재임 기간에 현재 부산대학교 캠퍼스 부지인 50만 평을 얻었습니다. 그렇게 해서 부산대학교 캠퍼스가 세계적인 규모로 도약할 수 있었습니다. 윤인구 목사가 남긴 말 중에 내 머리에서 사라지지 않는 한마디가 있습니다.

"교육이란 버려진 차가운 돌덩이를 혈맥이 흐르는 생명체로 만드는 것과 같습니다."

SUNY Korea가 지친 젊은이들을 사랑으로 일으켜 세우고, 그들 마음에 하나님이 심어 놓으신 선한 꿈의 씨앗을 싹 틔워서 더 많은 이를 일으키고, 살릴 수 있는 사람으로 세워 가는 모습이 바로 내가 꿈꾸는 성공의 모습입니다.

이런 자세로 지난 몇 년간 땀 흘려 온 덕분에 학부모들의 반응이 의외로 좋습니다. SUNY Korea에서 대학생판 '우리 아이가 달라졌어요'와 같은 상황이 벌어지고 있기 때문입니다. 특히 학교가 술, 담배 금지 원칙을 엄격하게 지키며, 기숙사를 통제하는 능력이 좋다는 점에서 안심하며 높이 평가하는 분위기입니다.

이곳에서 가장 많이 변화된 학생으로 박민수 학생을 꼽을 수 있습니다. 그는 명석한 두뇌를 가진 청년으로 해외 생활을 많이 했고, 남미에서 오래 살았습니다. 그래서 스페인어는 현지인처럼 유창하게 하고, 국제학교에 다녔기 때문에 영어에도 능통합니다. 게다가 가정에서 우리말도 잘 배워서 의사소통에 문제가 없습니다. 무엇 하나 빠지는 것 없이 잘 자란 청년입니다.

그런데 부족함 없이 편하게만 살아와서 그런지 이기적인 성향이 강했습니다. 자부심이 강하여 친구를 잘 사귀지 못했습니다. 애정을 가지고 그의 태도에 관해 조언해 주는 교수나 교직원들에게도 불손하게 굴기 일쑤였습니다. 당연히 그에 관해 좋게 평가하는 사람이 별로 없었습니다. 오죽하면 성적이 뛰어난데도 불구하고, 장학금을 주지 말자는 이야기가 나왔겠습니까?

그랬던 박민수 학생이 3학년이 되면서부터 조금씩 변하기 시작했습니다. 학교에서 자기에게 보여 주는 관심이 단순히 그가 똑똑하고 잘나서가 아니라, 그의 부족한 점을 보완해 주려는 사랑의 마음 때문이라는 것을 깨달은 것입니다. 그 뒤로 그는 자랑스러운 SUNY Korea 맨이 되어 자신이 받은 사랑에 보답하겠다는 의지를 불태웠습니다. 2016년부터는 상품을 생산하여 사업하기 시작했는데, 자기가 만든 제품을 내게도 선물해 주겠다고 했습니다. 아직 선물을 받지는 못했지만, 그가 학교의 고마움을 알게 되었다는 것 자체가 내게는 큰 선물입니다.

2017년 졸업식에서 박민수 학생이 졸업생 대표로 답사를 읽었는데, 그의 진심 어린 말에 참석자 모두가 감동했습니다. 그는 SUNY Korea를 다니는 4년 동안 자신이 배운 것에 관해 다음과 같이 말해 주었습니다. 요약하면 다음과 같습니다.

"

내 이야기는 실패에 관한 것입니다. 나는 지난 1년 동안 창업에 매진했습니다. 그러나 아쉽게도 10개월도 안 되어서 사기를 당하고 말았습니다. 내 생애 첫 사업은 그렇게 실패로 돌아가고 말았습니다. 사업에 투자했던 자금의 99.9%를 잃었습니다. 그러나 나는 완벽하게 실패한 사업에서 남은 0.1%에 관해 말하고 싶습니다. 왜냐하면 그 0.1%가 내 인생에 돈으로 환산할 수 없을 만큼 소중한 깨달음을 주었기 때문입니다.

나는 실패의 예술을 경험했습니다. 실패를 예술이라고 부르는 이유는 다음과 같습니다.

첫째, 실패를 통해 자신감을 얻었습니다. 완벽한 실패를 이미 경험했기에 다가올 실패가 두렵지 않습니다. 둘째, 진실한 인간관계를 깨달았습니다. 가장 힘든 순간에야 비로소 내가 다시 일어서기만을 진심으로 바라고 축복하며, 나를 걱정해 주는 사람이 누구인지를 알 수 있었습니다. 마지막으로, 나 자신의 약점을 명확히 아는 기회가 되었다는 점에서 나의 실패는 아름답습니다.

실패에 관해 이야기하는 이유는, 인생의 성공에 관해 이야기하기에는 내 자격이나 경험이 아직 부족해서가 아닙니다. 신중하고 긍정적인 태도로 실패를 극복해 나가는 것이야말로 인생의 가장 위대한 특전 중의 하나임을 믿게 되었기 때문입니다.

그것이 바로 우리 학교의 슬로건처럼, 히스토리 메이커가 될 수 있는 가장 중요한 자격의 하나임을 확신합니다.

"

그의 답사는 우리 모두에게 큰 위로와 희망을 주었습니다. 그야말로 버려진 돌덩어리와 같았던 그의 가슴 속에서 미래와 꿈을 향한 뜨거운 생명력이 움트기 시작했던 것입니다. 우리는 그의 이야기를 통해 눈물로 씨를 뿌리면 기쁨으로 단을 거둘 것이라고 하신 주님 말씀을 생생하게 체험할 수 있었습니다. 나아가 더욱 힘내어 주님이 기뻐하시는 길, 큰 상급이 기다리고 있는 그 길을 달려가겠노라고 다시금 다짐하는 계기가 되었습니다.

나는 세상이 병들었다고 말하는 목소리를 듣고 싶지 않습니다. 교육 시스템 자체를 부인하는 목소리도 걱정스럽습니다. 배운 사람일수록 세상 교육을 더 비난합니다. 진정한 교육은 죽었다고 손가락질합니다.

그러나 하나님은 세상을 사랑하셨습니다. 포기하지 않으셨습니다. 세상을 사랑하여 독생자를 보내시어 "너희도 할 수 있다"라고 말씀해 주시고, 예수님을 통해 그 가능성을 보여 주셨습니다. "인간은 구제 불능이니 결코 변하지 않으리라"고 말하는 세상을 이기셨습니다.

교회는 더 이상 모이기만 하는 곳이 아닙니다. 교회에 모여서 훈련받고, 세상으로 나아가 세상을 섬기는 것이 성도에게 맡겨진 역할이라고 생각합니다. 교회는 세상으로 흩어져 나아가는 법을 가르쳐야 합니다.

나는 크리스천뿐 아니라 믿지 않는 학부모나 학생이나 교사들을 상대로 강연할 일이 많습니다. 그때마다 내가 크리스천임을 밝히고, 우리 크리스천이 어떤 삶을 살아가는지 자연스럽게 알리곤 합니다. 그러면서 새삼 깨닫는 것이 있습니다. 가르치는 대로 사는 것이 얼마나 힘든 일인가

하는 것입니다.

오늘도 가르침대로 살기 위해 몸부림치는 내 모습을 보면서, 사도 바울의 고백을 되새깁니다.

오호라 나는 곤고한 사람이로다 이 사망의 몸에서 누가 나를 건져 내랴
로마서 7:24

크리스천은 바로 이 고백을 하면서 발버둥 칠 때, 비로소 성장하고 성숙해 갑니다.

많은 교인이 교회 울타리 안에 갇혀서 살아갑니다. 교회에서 봉사한다는 미명하에 세상에 나가서 빛과 소금의 역할을 감당해야 하는 사명을 외면합니다. 그러나 교회는 모이는 곳이 아니라 흩어지는 곳입니다. 세상 속의 크리스천으로서 세상을 섬기며 세상을 바꿔 나가야 할 책임이 우리에게 있습니다.

일터에서 선한 영향력을 발휘하는 것도 예배입니다. 교회에서 훈련받은 평신도 사역자들이 세상에서 일하고 세상 사람들을 섬길 때, 하나님 나라의 영향력이 그들에게 미치고, 그곳에 하나님 나라가 세워진다고 나는 믿습니다.

하나님은 SUNY Korea를 통해서 세상의 교육제도 안에서도 남을 유익하게 하는 홍익인간형 인재를 키워 낼 수 있음을 보여 주고 계십니다. 그리고 SUNY Korea을 통해 세상에 빼앗겼던 다음세대를 되찾아 오는

일을 이미 시작하셨습니다. 지난 수년 동안 나와 교직원들이 경험했고,
학생 스스로가 변화된 자신을 보며 이를 증언하고 있습니다.

4차 산업혁명 시대의

전략

SUNY Korea의 총장으로 취임한 후에 하나님이 내 마음에 두 가지 꿈을 주셨습니다. 하나는 다음세대가 글로벌 시대를 살아갈 수 있도록 교육을 통해 능력을 갖추게 하는 꿈이었고, 또 다른 하나는 참다운 교육의 회복, 즉 제대로 된 교육에 관한 꿈이었습니다. 내가 말하는 '제대로 된 교육'이란, 개인의 성공에 앞서 시대가 필요로 하는 실력을 갖추게 하는 교육이며 동시에 훌륭한 인격을 갖춘 인재를 키워 내는 교육입니다.

이러한 교육 목표 아래, SUNY Korea는 다양한 커리큘럼을 진행하고 있습니다. 우리의 교육 목표를 한마디로 표현하면, "남을 유익하게 하고 세상을 이롭게 할 실력과 인성을 갖춘 글로벌 인재를 키워 내는 것"입니다.

그런데 4차 산업혁명이 요구하는 인간형이 바로 SUNY Korea가 추구하고 있는 "남을 유익하게 하고 세상을 이롭게 할 실력과 인성을 갖춘 글로벌 인재"입니다. 남을 이롭게 하는 인재만이 새로운 시대를 이끄는 리더가 될 수 있습니다. 이것이 하나님이 SUNY Korea를 세우신 이유이자 우리 교육이 앞으로 나아가야 할 방향입니다.

이제부터 4차 산업혁명시대 이야기를 하려고 합니다. 놀라운 일이 벌어지고 있습니다. 기본적으로 시대가 어떻게 바뀌어 갈지를 알아야 새로운 시대에 걸맞은 교육을 준비할 수 있습니다.

4차 산업혁명시대의
징후들

  2017년 6월 초, 미국 나스닥 종합 지수가 사상 최고가를 기록했습니다. 두 회사가 주가 상승의 견인차 역할을 했는데, 바로 테슬라(Tesla, Inc.)와 엔비디아(NVIDIA)입니다. 테슬라는 우리에게도 비교적 잘 알려진 회사이지만, 엔비디아는 매우 생소한 기업인데 최근 이 회사가 전 세계적으로 주목받고 있습니다.

  매년 미국 라스베이거스에서 열리는 국제전자제품박람회(Consumer Electronics Show, CES)는 미래 기술을 한눈에 볼 수 있는 전시회로, 향후 미국은 물론 세계 기술의 향방을 주도할 기술이나 회사를 예측하는 자리로 유명합니다. 2017년 CES가 주목한 두 회사가 바로 아마존과 엔비디아였습니다.

이 회사들이 왜 주목받고 있는지를 설명하기 전에, 먼저 테슬라부터 살펴보겠습니다. 2017년 여름 기준, 테슬라의 시가총액은 487억 달러(약 54조 원) 정도 되었습니다. 당시 포드자동차의 총액이 453억 달러(약 50조 원)였습니다. 그런데 2016년도 1년간, 포드가 자동차를 665만 대 판매한 반면에 테슬라는 겨우 7만 6천 대를 팔았습니다. 심지어 포드는 약 5조 원대의 영업 이익을 올린 반면에 테슬라는 8천억 원대의 적자를 냈습니다. 그럼에도 불구하고, 적자를 낸 작은 회사 테슬라가 엄청난 흑자를 낸 큰 회사 포드보다 시가총액에서 앞질렀습니다. 상식적으로는 있을 수 없는 일입니다.

테슬라의 약진은 여기서 멈추지 않았습니다. 같은 시기에 자동차 업계의 두 간판스타 제너럴모터스(GM)와 혼다의 시가총액이 각각 58조 원과 60조 원이었습니다. 그런데 테슬라가 곧 두 회사의 시가총액을 추월할 것이라는 게 업계의 전망입니다.

엔비디아는 흥미로운 회사입니다. PC에 장착하는 그래픽카드를 개발·제조하는 회사로, 10세 때 대만에서 미국으로 이민한 젠슨 황(Jen Hsun Huang)이 CEO입니다. PC의 그래픽카드는 3차 산업혁명시대의 명멸과 함께 한물간 상품입니다. 그럼에도 불구하고, 이 회사가 망하지 않고 오히려 더 주목받는 이유는 그들이 개발한 그래픽 처리 장치(Graphics Processing Unit, GPU) 때문입니다. 우리가 익히 알고 있는 중앙 처리 장치(CPU)와 비교하면 이해가 쉬울 것입니다. CPU가 컴퓨터를 작동하게 하는 시스템이라면, 비메모리 반도체를 기반으로 하는 GPU는 컴퓨터를 비롯한 다양한 영상기기에서 그래픽 작동을 가능하게 하는 시스템을 말합니다.

잘 알려진 바와 같이, 반도체 시장에서 세계 최대 반도체 칩 제조업체 인텔이 26년간 1등을 달렸고, 삼성이 2등이었습니다. 그런데 얼마 전에 1등과 2등이 바뀌었습니다. 여기엔 이유가 있습니다. 인텔은 비메모리 반도체가 전문이고, 삼성은 메모리 반도체가 전문입니다. 최근 빅데이터(Big Data) 등 처리해야 할 정보가 폭증하다 보니 많은 양의 정보를 저장하고 처리하는 메모리 반도체의 수요가 급증한 덕분에 반도체 시장의 서열이 뒤바뀐 것입니다.

그러나 인텔이 신경 쓰는 상대는 삼성이 아닙니다. 비메모리 반도체의 강자인 인텔을 위협하는 것은 바로 같은 업종의 엔비디아입니다. GPU의 수효가 계속해서 늘어나고 있기 때문입니다.

엔비디아의 CEO 젠슨 황은 멀티미디어 시대가 올 것을 예측했습니다. 그래서 그래픽카드를 처음 만들기 시작할 때부터 GPU를 구상했다고 합니다. 그는 고화질, 고용량의 그래픽을 처리하는 데 필요한 특화된 비메모리 반도체 개발에 전념했습니다.

이제 문자와 숫자로 정보를 전달하던 시대에서 냉장고 문에도 스크

린을 설치하는 영상 서비스 시대로 넘어가고 있습니다. 덕분에 인공지능이 일반에 보급되기 시작하면서 인공지능의 핵심기능인 딥 러닝(Deep Learning)을 실행할 때, GPU가 최적이라는 평가를 받기 시작했습니다. 곧 자율주행 자동차도 보급될 전망입니다. GPU계의 최강자 엔비디아의 시가총액이 급상승할 수밖에 없는 시대가 온 것입니다.

CES가 주목했던 또 다른 기업, 아마존은 어떻습니까? 아마존과 이베이(eBay)는 모두 세계적인 네트워크를 가진 전자상거래 업체입니다. 그런데 인터넷쇼핑몰의 대명사와도 같은 두 기업의 희비가 엇갈리고 있습니다. 이베이의 영업 이익은 해마다 추락하고 있는 반면에 아마존의 시가총액은 기하급수적으로 상승하고 있습니다.

원래는 이베이가 훨씬 더 많은 수익을 내던 회사였습니다. 그런데 2006년에 웹 서비스(Amazon Web Services, AWS)를 시작한 아마존이 10년 만에 이베이를 추월하게 됐습니다. AWS가 빅데이터 시장을 선점했기 때문입니다.

2017년 여름, 아마존의 기준 주식 시가총액이 500조 원을 넘었습니다. 삼성전자의 주식 시가총액이 300조 원을 간신히 넘었고, 애플은 900조 원에 달합니다. 그러나 시장에서는 애플보다 아마존이 먼저 1,100조 원, 즉 1조 달러를 돌파하지 않을까 예상할 정도로, 아마존의 상승세가 무섭습니다.

엔비디아와 아마존이 어떻게 시장을 뒤흔들 수 있었을까요? 이유는 간단합니다. 시대가 필요로 할 기술을 예측하고 선점했기 때문입니다. 이것이 바로 미국 시장에서 주목받는 회사들의 공통점입니다. 새로운 기술, 이것은 가히 혁명과도 같습니다.

4차 산업혁명시대의
특징

4차 산업혁명이라 불리는 새로운 변화가 우리 곁에 조용히 그러나 아주 가까이 다가오고 있습니다. 시간이 갈수록 변화에 가속도가 붙고 있지만, 우리는 새로운 시대의 특성을 아직 잘 파악하지 못하고 있는 상황입니다.

1차, 2차, 3차 산업혁명 등 시기별로 변화에 불을 붙인 계기가 된 기술이 있기 마련입니다. 예를 들어, 1784년 증기기관의 발명으로 인류는 첫 번째 산업혁명을 경험했습니다. 이때 가내 수공업에서 기계 생산

(Mechanical Production)으로 생산 방식이 바뀌었습니다. 대륙의 끝에서 끝까지 물건이 유통되기 시작하면서부터 땅을 기반으로 농업을 지배했던 지주의 시대는 가고, 공장을 기반으로 유통망을 지배하는 기업의 시대가 시작되었습니다. 이것이 1차 산업혁명입니다.

그로부터 약 90년이 지난 뒤에 전기 에너지의 상용화와 함께 대량 생산(Mass Production)이 가능한 2차 산업혁명시대가 시작됐습니다. 사실, 미국의 도축장에서 전기로 컨베이어 벨트를 돌린 것이 바로 그 시작이었습니다. 전기 에너지는 이후 약 100년간 전 세계 산업의 판도를 완전히 바꾸어 놓았습니다.

산업혁명 시기에 따라 의사소통의 수단도 다릅니다. 1차 산업혁명 때는 정보 전달의 도구로 책과 신문이 쓰였고, 2차 산업혁명 시기에는 전기 에너지의 등장으로 라디오와 TV가 발달하게 되었습니다.

그리고 나서 3차 산업혁명시대가 찾아왔습니다. 이 시대를 주도한 기술은 반도체와 컴퓨터와 인터넷입니다. 이때 ICT(Information & Communication Technology) 기술과 반도체 기술이 힘을 합친 자동화 생산(Automatic Production)이 시작됐습니다. 3차 산업혁명을 디지털 혁명 또는 지식정보혁명이라고도 합니다.

우리나라는 바로 이 3차 산업혁명시대를 주도하면서 눈부시게 성장했습니다. 3차 산업혁명시대가 시작됐던 1960년대 초, 우리나라 1인당 국민소득(GNP)은 100달러를 겨우 넘어섰고, 연간 수출액은 440억 원에 불과했습니다. 그런데 50년이 지난 2011년에는 1인당 GNP가 2만 4,000달러로 200배나 늘어났고, 수출액은 무려 만 배 이상 증가한 약 600조 원 정도가 됐습니다. 2016년에는 수출이 부진했음에도 불구하고, 여전히 세계 5위를 기록했을 정도로 이제는 명실상부한 수출 대국입니다.

한국의 경제 성장은 세계사에서 그 유례를 찾아볼 수 없는 기적입니다. 우리가 놀랍도록 급성장할 수 있었던 것은 3차 산업혁명시대의 중심 산업인 반도체와 컴퓨터와 인터넷 영역을 주도해 왔기 때문입니다. 기성세대는 2차 산업혁명시대에 태어나 3차 산업혁명시대를 살아왔습니다. 그런데 3차 산업혁명이 시작된 지 불과 50여 년 만에 4차 산업혁명이 파도처럼 몰려오고 있습니다. 다음세대 젊은이들은 기성세대와는 전혀 다른 세상을 살아가게 될 것입니다.

2007년 스티브 잡스가 아이폰(iPhone)을 발표했습니다. 학자마다 의견이 다를 수 있지만, 스마트폰을 기반으로 한 전 분야의 산업 변화, 즉 스마트 산업(Smart Production)이 시작된 이때 나는 4차 산업혁명시대가 시작되었다고 생각합니다. 4차 산업혁명은 지능정보혁명이라고 할 수 있습니다. 3차 산업혁명까지는 인간의 육체노동을 대신하는 산업의 발전이 이루어진 반면, 4차 산업혁명은 인공지능 등 기계가 인간의 두뇌 기능까지 대체하기 때문입니다.

■ 초연결과 초지능

4차 산업혁명시대에는 두 가지 중요한 특징이 있습니다. 초연결(Hyper

Connectivity)과 초지능(Super Intelligency)입니다. 초연결이란 사물인터넷 (Internet of Things)을 말합니다. 즉 모든 사물에 인터넷 기능이 생겨서 사물과 사물이 곧바로 연결되면서 유기적인 엄청난 네트워크가 형성되고, 그 안에서 많은 정보를 공유하는 것을 말합니다. 초지능이란 사물 인공지능으로, 막대한 양의 정보를 스스로 분석하고 처리하는 인공지능을 가진 사물의 등장을 의미합니다.

이미 많은 사람이 일상생활에서 경험하고 있듯이, 디지털 시대에서 다루었던 데이터는 이제 빅데이터가 되어 인간의 두뇌나 컴퓨터에는 다 저장할 수 없을 정도가 되었을 뿐만 아니라 정보를 적재적소에 활용하거나 분석하는 것 또한 거의 불가능한 시대가 됐습니다.

이제는 사람 대신 냉장고, 세탁기, 청소기, 자동차, 휴대전화가 스스로 업그레이드하며 일하는 시대가 되었습니다. 모든 사물이 인터넷 기능을 가질 뿐 아니라 인공지능까지 더해지니 날이 갈수록 점점 더 똑똑해집니다. 사물 인터넷이 수집한 빅데이터를 인공지능을 가진 사물이 처리하는, 그야말로 스마트한 세상이 된 것입니다.

한 가지 예를 들어 보겠습니다. 나는 가끔 Z브랜드 매장에서 옷을 구입합니다. 값도 저렴하지만, 유행을 선도하는 것 같아서 입을 때마다 젊어지는 기분이 듭니다. U브랜드 옷도 마찬가지로 그런 기분이 들게 합니다.

두 브랜드는 공통점이 있습니다. 맘에 드는 옷이 있으면, 그날 바로 사야 합니다. 두 회사 모두 다품종 소량 생산을 하기 때문에 일주일만 지나도 그 옷을 다시 보기 어렵기 때문입니다. 매장에 갈 때마다 디자인이 바뀌는데도 내 취향에 맞는 옷을 고를 수 있습니다. 참 신기한 곳입니다. 알고 보니 두 회사는 소비자들이 어떤 물건을 구입하는지 실시간으로 파악하고 있습니다. 물건이 판매되는 순간, 경영정보시스템(Management information system, MIS)이 데이터를 처리해서 곧바로 생산 라인에 전달하는 것입니다.

3차 산업혁명시대에는 반도체를 통해 미리 입력된 프로그램대로 생산했습니다. 그러나 4차 산업혁명시대에는 제품과 생산 라인이 곧바로 상호 작용합니다. 중간에 어떤 개입도 필요 없습니다. 어떤 제품을 다시 만들지 안 만들지는 사람이 아닌 시스템이 스스로 결정하는 것입니다. 이것이 바로 스마트 산업(생산)입니다.

몇 년 전 〈뉴욕타임즈〉에 흥미로운 기사가 실린 적이 있습니다. 유명 대형마트에서 십 대 자녀밖에 없는 가정에 신생아용품 쿠폰북이 배달됐습니다. 부부는 어이가 없었습니다. 아내가 임신한 것도 아니고, 딸은 고등학생에 불과했기 때문입니다. 남편이 "우리 아이들에게 임신하라고 부추기는 거냐"며 화를 내며 항의했습니다. 그런데 일주일이 채 지나지 않아서, 그는 자기 딸이 임신한 사실을 알게 되었습니다. 부모도 미처 몰랐던 딸의 임신을 대형마트의 시스템이 먼저 알고, 쿠폰북을 보내 주었던 것입니다. 딸의 물품 구입 목록의 변화를 보고, 대형마트의 빅데이터 분석 시스템이 임신을 예측했기 때문입니다.

4차 산업혁명시대에는 앞으로 이런 일들이 심심찮게 벌어질 것입니다. 또한 이처럼 사물 인터넷과 사물 인공지능을 활용한 상품과 서비스가 크게 성장할 것입니다. 그렇다면 어떤 비즈니스가 발달할까요?

봉이 김선달 비즈니스

4차 산업혁명시대에는 일명 '봉이 김선달' 비즈니스를 생각할 수 있습니다. 세계에서 제일 큰 택시 기업이 어딘 줄 아십니까? 바로 우버(Uber)입니다. 나도 해외 출장을 갈 때마다 자주 이용하곤 합니다. 얼마나 편리한지 모릅니다. 내가 어디에 있든지 빨리 와 주고, 비교적 싼 비용으로 목적지까지 안전하게 데려다줍니다. 그뿐 아니라 택시의 차종을 고를 수도 있습니다. 때와 상황에 따라 소형 택시부터 고급 택시까지 정할 수가 있습니다. 이러니 세계적으로 가장 인기 있는 택시 기업이 된 것입니다.

그런데 이 회사의 주인은 택시를 한 대도 안 갖고 있습니다. 그야말로 봉이 김선달입니다. 택시가 한 대도 없는 사람이 세계에서 가장 큰 택시 회사를 만들었는데, 시가총액이 70조 원이나 됩니다. 세계적인 자동차 회사 GM보다도 큽니다.

택시 회사 우버와 비슷한 게 또 있습니다. 전 세계 숙박 공유 플랫폼 업체인 에어비앤비(Airbnb)입니다. 시가총액이 40조 원이나 되는데 이 회사 역시 호텔은 하나도 갖고 있지 않습니다. 그런데도 세계적인 체인을 자랑하는 힐튼 호텔보다도 훨씬 더 큰 숙박 전문 업체가 되었습니다.

■ 자릿세 비즈니스

4차 산업혁명시대에 등장한 또 하나의 대표적인 사업 유형으로 '자릿세' 비즈니스를 꼽을 수 있습니다. 익숙한 표현으로 바꾸자면, 플랫폼 비즈니스(platform business)라고 할 수 있습니다. 구글이나 페이스북이 대표적인 예입니다. 특히 페이스북은 20억 명의 가입자를 바탕으로 계속 눈부시게 진화하고 있습니다.

또한 애플은 애플리케이션(App)을 직접 만드는 대신에 앱스토어(App Store)라는 플랫폼을 만들었습니다. 2007년 아이폰을 선보이면서 앱 비즈니스를 처음 시작했을 때, 만일 연구원을 고용해서 그 많은 애플리케이션을 개발하여 판매하려고 했더라면, 아마도 인건비만 수조 원을 써도 다 감당하지 못했을 것입니다. 그 대신에 개발자가 애플리케이션을 만들어 아이폰 앱스토어에 올리면 수익의 70%를 받는 모델을 만들었습니다.

그로부터 불과 몇 년 뒤에, 애플은 아이폰 덕분에 시가총액 면에서 업계 1위 기업이 되었습니다. 플랫폼 비즈니스가 대성공을 거둔 것입니다. 초연결성, 초지능의 시대인 4차 산업혁명시대에는 이런 플랫폼 비즈니스가 더욱 주목받게 될 것입니다.

■ 비빔밥 비즈니스

셋째로, 4차 산업혁명시대에는 '비빔밥' 비즈니스라 부를 수 있는 융·복합 비즈니스가 발달하게 될 것입니다. 마치 비빔밥이 각각 다른 재료를 밥과 섞어서 새로운 맛을 만들어 내듯 전혀 다른 영역의 학문과 산업과 기술들이 만나 서로 융합하여 새로운 가치를 만들어 내는 것입니다.

벌써부터 기술과 산업의 눈부신 융합이 일어나고 있습니다. 제조업과 서비스업이 하나로 융합하기 시작했고, 하드웨어와 소프트웨어 간의 벽이 사라지고 있습니다.

융합(Convergence 또는 Fusion)은 기존의 학문적 한계를 넘어서고, 세계 경제를 이끌 새로운 미래 성장 동력으로서 그 중요성이 부각되고 있습니다. 이종 학문 또는 기술 분야 간 융합에 이어, 산업과 산업 간의 융합, 기술과 산업의 융합이라는 다양한 형태의 융합이 이루어지고 있습니다.

융합은 기존의 단단하고 폐쇄적이었던 틀을 깨고, 사고와 도구의 확장을 가능하게 함으로써 기존에 구현하지 못했던 새로운 가치를 제공할 수 있습니다.

이제 냉장 기술이 농업에 접목됨으로써 늦봄, 초여름에도 싱싱한 사과와 귤을 즐길 수 있게 되었고, 자동차에 GPS 기술을 적용한 내비게이터를 장착하여 경로를 안내받고, 전후방 감지 카메라를 통해 안정성을 높이며, 지하철 플랫폼에서 다음 열차의 위치가 현재 어디인지 확인할 수 있게 된 것은 불과 몇 년 전만 하더라도 상상하기 어려웠던 일입니다.

다양한 융합 기술의 결합이 가장 빠르게 진행되고 있는 분야 중 하나는 의료기기 산업 분야입니다. 초소형 이미지 센서를 이용하여 혈관 내 이미지를 실시간으로 관찰함으로써 혈관 내 콜레스테롤 침전 등을 한눈에 분석할 수 있는 기기는 이미 실용화되었습니다.

최근의 융합 논의는 개별 산업 수준을 벗어나 인간의 모든 생활 공간을 대상으로 범위를 확대하고 있습니다. 스마트시티(Smart-City)가 바로 그것입니다. 스마트시티는 도시 기반 시설에 IT를 접목하여 더욱 쾌적하고 편리하며 안전한 생활을 누릴 수 있도록 하는 데 중점을 두고 있습니다. 도로와 철도 등의 교통관리 시스템과 무인 요금징수 시스템, 냉난방 등을 조절하는 지능형 빌딩 시스템 등을 통해 도시 생활이 더욱 편리하고 안전해질 수 있습니다.

우리나라는 세계적인 수준의 정보통신 인프라와 건설업계의 경쟁력, IT 서비스 경험 등을 통해 스마트시티 분야에서 앞서고 있습니다. 특히 우리나라는 단기간에 신도시를 건설하는 능력과 기술이 탁월합니다. 우리나라는 이미 분당, 일산, 동탄, 파주, 시흥, 송도 등 스마트시티 초기 단계의 신도시 건설의 성공적 경험이 많습니다. 앞으로 전 세계의 큰 도시들은 대부분 노후화되어 도시재생 산업이 필요하게 될 것이고, 또한 더 나은 삶의 질과 환경을 추구하는 신도시개발 산업이 전 세계적으로 큰 붐이 일어날 것입니다. 전 세계에서 우리나라가 제일 잘할 수 있는 이러한 스마트시티 개발 산업에 집중적으로 투자한다면 엄청난 가치와 부를 창출할 것으로 기대됩니다. 지방자치단체도 스마트시티에 대한 관심이 매우 높아서, 수십 개의 지방자치단체가 사업을 추진하거나 계획 중에 있습니다.

융합이라는 말은 새롭게 등장한 말이 아니며, 결코 새로운 의미도 아닙니다. 기존 산업의 틀에만 갇혀 있던 고정관념을 깨는 창의적인 사고가 바로 융합입니다. 하지만 융합은 동시에 새로운 것입니다. 고정관념을 깨고 새로운 가치를 창출해 나간다는 점에서 말입니다. 우리나라가 도약하기 위해서는 융합의 시대라는 새로운 패러다임에 얼마나 잘 적응하고 주도해 나갈 수 있는지에 달려 있다고 해도 과언이 아닙니다.

10년 후에도 의대가 인기 있을까?

산업의 변화와 함께 필연적으로 변하는 것이 바로 직업입니다. 1차, 2차, 3차 산업혁명시대에는 기계와 하드웨어가 사람이 하던 일을 대신했습니다. 그래 봐야 수십 명에서 수백 명의 일자리를 대체할 뿐이었습니다. 그런데 4차 산업혁명시대에는 하나의 인공지능 소프트웨어가 적게는 수천, 수만 명, 많게는 수십만, 수백만 명의 일자리를 가져갈 것입니다. 그뿐만 아니라 직업의 영역에도 큰 변화가 생겨서 앞으로 20년 내에 지금 있는 화이트칼라 계열의 직업 가운데 80%가 사라질 것이라고 합니다.

그렇다면 다음세대 젊은이들은 장차 어떤 일을 하며 살아가게 될까요? 10년 후에도 과연 의과대학이 지금처럼 인기 있을까요? 아니, 과연 그때까지 의대가 존재하기나 할까요?

최근 대학병원에서 방사선과가 없어지는 추세입니다. 이미 방사선과 전공의들이 전공을 바꾸기 시작했고, 그들이 일하던 자리에 인공지능 로봇이 들어와 있습니다. 앞으로 웬만한 수술은 인공지능 로봇이 다 하게 될 것입니다.

의사뿐 아니라 변호사도 마찬가지입니다. 모든 판례가 입력된 인공지능 로봇 한 대면 더 이상 변호사가 필요 없는 시대가 다가오고 있습니다. 사람들은 장차 법원에는 판사만 남게 될 것으로 예측합니다.

미래에는 주목해야 할 직업군이 당연히 달라질 텐데, 둘 중 하나입니다. 인공지능을 이용하는 직업이거나, 인공지능이 대체할 수 없는 직업입니다. 인공지능을 이용하는 직업에는 빅데이터 분석가, 인공지능 전문가, 코딩 관련 프로그램 개발자, 소프트웨어 관련 직업 등이 있습니다.

인공지능이 대체할 수 없는 직업을 구체적으로 살펴보겠습니다. 이 직업들은 주로 창의력, 문제 해결 능력, 소통 및 공감 능력을 요구합니다. 과학자, 발명가, 패션 디자이너 같이 독특하고 기발한 아이디어를 내야 하는 창의성이 요구되는 직업들은 인공지능이 대체할 수 없습니다. 또 화가, 연주가, 지휘자, 무용가, 작가, 사진작가, 배우 등 감성에 기반한 창작 예술 영역에서도 인공지능 로봇이 사람을 대체하기 어렵습니다. 상담가, 성직자, 초등교사, 레크레이션 강사, 간호사, 치과의사, 영양사, 사회 복지사, 헬스트레이너 등과 같이 사람과의 긴밀한 관계를 형성하고, 대인관계에서 사람의 세세한 반응과 행동의 동기를 이해하거나, 다른 사람의 느낌과 감정에 공감하는 능력이 필요한 직종도 인공지능 로봇으로 대체하기 불가능한 영역입니다. 그리고 다른 사람과 함께 소통하며 의견 차이를 좁혀 합의점에 이를 수 있는 협상 및 설득 능력이 필요한 직종도 마찬가지입니다. 미용사, 메이크업 아티스트, 음식 서비스 종사자 등 다른 사람의 필요를 돕는 다양한 서비스 업종도 인공지능 로봇이 완벽하게 대체할 수 없는 직업입니다.

　이처럼 인공지능 로봇이 대체할 수 없는 직업들은 대부분 인간관계를 맺는 능력과 밀접한 관련이 있습니다. 즉 혼자서 해낼 수 있는 일이 아니라 누군가 대상이 필요한 직업들이라는 뜻입니다. 그래서 4차 산업혁명 시대에는 탁월한 실력 못지않게 인간관계 능력이 필수입니다. 관계를 잘 맺기 위해서는 좋은 인성이 필요합니다. 특히 나보다는 남을 먼저 생각하고, 아울러 우리를 생각하는 리더십이 요구됩니다.

미래에 필요한
진짜 실력

4차 산업혁명시대가 도래하면서, 거대 기업이 작은 기업을 삼키는 빅
피시(Big Fish)의 시대는 끝났습니다. 이제는 패스트 피시(Fast Fish)의 시
대, 즉 시장을 빨리 선점하는 기업이 승리하는 시대가 됐습니다. 아마존
이나 엔비디아나 테슬라와 같은 기업이 성장하는 이유는 오직 시대를 예
견하고 누구보다도 영역을 '먼저' 선점했기 때문입니다.

이제 대학 교육이 고민해야 할 과제가 명확해졌습니다. 학생들을 스티
브 잡스나 젠슨 황처럼 시대를 이끌어 갈 리더로 어떻게 길러 내느냐가

관건입니다.

세계적인 미래학자 고 앨빈 토플러(Alvin Toffler) 박사가 한국을 여러 차례 방문했습니다. 한국을 무척이나 사랑했던 그는 우리 교육에 관해 두 가지를 지적했는데, 학생들이 하루 15시간을 공부하지만 필요하지도 않은 지식을 배우고 있으며, 앞으로 존재하지도 않을 직업을 위해 공부한다는 것이었습니다. 또한 그는 《부의 미래》에서 "19세기 학교에서 20세기 선생님이 21세기 학생들을 가르친다"고 따끔히 지적했습니다.

2차 산업혁명시대에는 기술과 지식이 필요했습니다. 학교는 학생들에게 기술과 지식을 가르쳐 주면, 그 역할을 다한 셈이었습니다. 필기시험으로 학생들의 지식과 기술을 점검하던 시대였습니다. 3차 산업혁명시대가 되자 문제 해결 능력이 중요해졌습니다. 교사의 역할 또한 지식 전달자에서 토론 진행자로 바뀌었고, 필기시험이 아닌 토론을 통해 학생의 능력을 점검하는 시대가 되었습니다.

4차 산업혁명시대에는 교사의 역할이 단순히 토론 진행에만 그치는 것이 아니라, 학생들 스스로 생각하고 문제의식을 갖게 만들며 또한 창의적인 비평과 토론을 할 수 있도록 옆에서 도와주는 조력자(Facilitator)로 바뀌어야 합니다. 학생의 능력을 평가할 때도 문제를 해결해 가는 과정에서 서로 어떻게 영향을 주고받으며 얼마나 서로 협업하면서 팀 프로젝트를 잘 수행하는지를 점검해야 합니다.

하지만 우리나라의 많은 학교는 아직도 2차 산업혁명시대의 교육을 벗어나지 못하고 있습니다. 요즘 학생들은 40여 년 전, 내가 중학교에 다닐 때와 똑같은 방식으로 "660년 백제 멸망, 668년 고구려 멸망, 676년 삼국 통일"을 외우고 있습니다. 내가 고등학교 때 공부했던 《수학의 정석》을 지금도 많은 고등학생들이 공부하고 있습니다. 수학이라는 학문은 본래 암기 과목이 아니라 이해 과목입니다. 그런데 수능시험 때 수리 영역의 경우 제한된 시간 내에 많은 문제를 풀어야 하는 구조이기 때문에 아이들이 수학 공식을 외운 뒤 기계적으로 푸는 상황이 벌어지고 있습니다. 이것이 바로 우리 교육의 현실입니다. 뿐만 아니라 4차 산업혁명시대를 살아갈 학생들이 정작 그들 삶에는 전혀 도움되지 않을 것들을 10년이 넘도록 배우고 있는 것입니다.

그렇다면 학교는 4차 산업혁명시대를 살아갈 다음세대 학생들에게 어떤 것을 가르쳐야 할까요? 미래에는 무엇이 진짜 실력이 될까요?

첫째, 창의력이 필요합니다. 다시 말하자면, 세상에 존재하지 않던 새로운 것을 만들어 낼 실력을 쌓게 해 주어야 합니다. 페이스북, 구글, 애플, 엔비디아 등과 같이 미래 시장을 내다보고, 아직 세상에 존재하지 않는 완전히 새로운 것을 만들어 낼 수 있어야 합니다.

그런데 창업을 준비하는 청년들이 흔히 듣는 조언이 "소비자가 무엇을 원하는지를 파악해야 한다"는 말이라고 합니다. 그것은 3차 산업혁명시대에나 통할 방법입니다. 4차 산업혁명시대에는 소비자를 따라갈 게 아니라 선도해야만 성공합니다. 창조적인 새로운 상품과 서비스로 소비자를 '이끌어 가야' 합니다.

애플과 페이스북이 그랬던 것처럼, 젠슨 황이 이끌어 갈 GPU의 세상처럼, 독창적인 상품과 서비스로 이전과는 다른 삶의 패러다임을 제공하고, 사람들이 그 서비스를 통해 이전과는 다른 삶을 살 수 있도록 이끌어 내는 능력이 필요합니다.

둘째, 인성이야말로 중요한 실력입니다. 미래는 과거 어느 시대보다도 인성이 실력이 되는 세상이 될 것입니다. 왜냐하면 4차 산업혁명시대가 바로 융·복합의 시대이기 때문입니다. 4차 산업혁명시대에는 초연결성과 초지능을 통해 수많은 네트워크가 사회와 사회를, 사람과 사람을 연결합니다. 모든 것이 하나 되어서 유기적으로 진화하며 전혀 다른 패러다임을 만들어 내는 시대인 것입니다. 이때 협력이 매우 중요합니다.

협력하려면 신뢰가 필요합니다. 서로 믿을 수 있어야 합니다. 그래서 근래 중요하게 부각되는 것이 바로 투명성, 정직성, 성실성과 같은 인성에 관련된 덕목입니다. 올바른 인성 교육을 통해서만 좋은 성품이 길러질 수 있습니다.

2017년 1월 〈타임〉지에 구글의 인재 채용 조건이 소개되었습니다 (HelloT 첨단뉴스 기사 발췌: "4차 산업혁명시대가 원하는 인재상은?" 2017년 6월 1일 자). 미국의 고용주가 원하는 엔지니어의 스킬 정도를 5점 만점으로 보면, 대화 능력 4.8점, 정직과 성실성 4.7점, 대인관계 4.5점, 동기와 주도성 4.5점, 윤리성 4.5점, 팀워크 4.5점 등이었습니다. 모두 소프트 스킬(Soft Skill)인데, 소프트 스킬이란 기업 조직 내에서 커뮤니케이션, 협상, 팀워크, 리더십 등을 활성화할 수 있는 능력을 뜻합니다. 이에 비해 하드 스킬(Hard Skill)인 분석 능력은 4.5점이었고, 학점은 3.6점에 불과했습니다.

소프트 스킬(Soft Skill)	
대화 능력	4.8점
정직과 성실성	4.7점
대인관계	4.5점
동기와 주도성	4.5점
윤리성	4.5점
팀워크	4.5점

하드 스킬(Hard Skill)	
분석 능력	4.5점

학점	3.6점

이처럼 미국의 주요 기업들은 엔지니어가 아닌 전문 경영인에게 요구되는 항목이 아닐까 할 정도로 엔지니어에게조차 학점이나 기술에 앞서 소프트 스킬, 즉 '인성'을 요구하고 있습니다. 융·복합 시대인 4차 산업 혁명시대가 어떤 인간형을 요구하는지를 단적으로 보여 주는 예입니다.

지금 송도에 입주해 있는 유명 S기업의 사장은 사석에서 내게 이렇게 말하며 신신부탁을 한 적도 있습니다. "총장님, 학생들 취업을 위해 전공 지식이나 기술도 중요하지만 오히려 그것보다 학생들이 올바른 인성과 훌륭한 인품을 갖출 수 있도록 꼭 좀 가르쳐 주십시오."

실제로 구글은 이러한 인재 채용 조건에 관해 다음과 같이 말했습니다. "혁신을 위한 협업을 해야 하는 이 시대에 세계는 리더십, 겸손, 협동 성, 적응력, 배움을 향한 열정, 재학습 능력과 같은 소프트 스킬에 더 많은 관심을 두고 있다."

쉽게 말해서, 명문대를 나왔느냐 안 나왔느냐는 더 이상 보지 않겠다는 뜻입니다. 대기업에서 일하느냐 중소기업에서 일하느냐가 중요한 시대가 아니라는 뜻이기도 합니다. 자기만의 독창성을 갖추는 것은 물론, 사람들과 협력하며 자기 문제만큼이나 이웃과 시대의 문제를 해결하는 데 앞장서고, 기꺼이 하나가 되는 열린 마음과 실력을 갖춘 사람이야말로 4차 산업혁명시대를 성공적으로 살아갈 것입니다. 따라서 학교는 학생들로 하여금 좋은 인성을 기를 수 있도록 돕는 것이 최고의 전략입니다.

대학교 졸업장보다
실력이 중요하다

현재 우리 교육이 지닌 문제점들에 관해 생각해 봤습니다. 나는 학생들이 다음 네 가지를 모르는 상태에서 사회에 진출하는 것이 문제라고 생각합니다.

첫째, 학생들은 자기밖에 모르는 채로 사회로 나갑니다. 이웃이야 어떻든 나라야 어떻든 상관하지 않고, 자기밖에 모르는 교육을 받아 온 탓입니다.

둘째, 꿈과 희망을 모른 채 사회에 진출합니다. 고등학교 과정은 대학

입시에 매몰되고, 대학 시절은 직장 걱정, 결혼 걱정 등 미래 걱정으로 가득 채워집니다. 나이 들수록 걱정은 늘어갑니다. 내 집 마련, 노후 설계 등 문제 하나를 해결하면, 다음 문제가 끝도 없이 이어지니 꿈이니 희망이니 하는 것들을 모른 채 살아갈 수밖에 없습니다.

셋째, 대학 입시밖에 모르는 것이 가장 큰 문제입니다. 학부모도 학생도 대학교에 입학하기만 하면 더는 바랄 게 없을 것 같다가도, 막상 입학한 뒤에는 얼마나 절망하는지 모릅니다. 이미 공부가 지겨워진 것입니다. 출석률이 형편없을 정도로 학업에 열의가 없습니다.

오죽하면, 나는 SUNY Korea 교직원들에게 고등학교 같다는 불평을 들어도 좋으니 출결 관리를 철저하게 하는 편이 낫다고 하겠습니까? 나는 수업을 네 번 이상 빠지면, F학점을 주도록 학칙을 바꿔야 할지 고민 중입니다. 학생의 수업 참여를 독려하기 위해서 국내 대학 및 해외 명문대들의 사례를 조사하고, 시스템을 마련하려고 노력하고 있습니다. 예를 들어, 입학식에서부터 명예 선언을 하는 등 새로운 학교 문화를 만들어 가고자 합니다.

지식 경쟁을 부추기는 문화는 이제 시대에 뒤떨어진 것이 되고 말았습니다. 오래 전 인기 TV 프로그램 〈장학퀴즈〉와 지금 방영 중인 〈도전 골든벨〉은 모두 학생들의 지식 암기 능력을 테스트하는 프로그램이라는 점에서 우리나라 교육 방식이 별로 변한 게 없어 보입니다. 이런 식의 암기력을 키우는 주입식 교육으로는 새로운 시대에 필요한 사고력을 갖출 수 없습니다. 암기력으로 대학 입학에 성공한다고 해도, 대학 생활을 하기에 벅찰 뿐만 아니라 졸업하기도 힘들어집니다.

대학 졸업장은 유통기한이 찍힌 우유와도 같습니다. 졸업 후 겨우 몇 년 정도만 써먹을 수 있는 실력밖에 안 된다는 뜻입니다. 죽을 때까지 평생 학습만이 살길입니다. 싫든 좋든 우리가 살아갈 시대의 현실이 그렇습니다. 그런데 벌써 공부라면 진저리를 치니 어떡합니까?

마지막으로, 학생들은 무엇을 해야 할지 모르고, 어떻게 해야 할지 모르며, 왜 해야 하는지를 모릅니다. 심지어 엄마 꿈을 이뤄 주기 위해 전공을 선택하는 경우도 있습니다.

과거에 내가 그랬습니다. 엔지니어 집안이다 보니, 나도 고등학교 때부터 이과 쪽으로 진로를 선택했습니다. 그러다가 박사 학위를 따고, 35세가 되어서야 전공을 잘못 선택했다는 사실을 깨달았습니다. 결국, 39세에 전공에서 벗어나 다른 일을 찾게 되었습니다. 감사하게도 나는 예수님을 인격적으로 만나고 올바른 삶의 목적과 가치관을 찾아가는 과정에서 이 사실을 깨달았기에 새로운 선택을 할 수 있었습니다.

사실, 기성세대는 먹고살기 위해 어쩔 수 없이 공부하고 일해야 했지만, 지금 젊은 세대는 그렇지 않습니다. 그런데도 학부모들은 옛날이야기만 하고 있습니다. 그래서 나는 초·중·고에서 강연할 때면 "무엇을, 어떻게, 왜 해야 하는가"에 관해 이야기합니다. 자신이 좋아하는 일, 잘하는 일, 자신에게 보람 있는 일 중, 세 가지가 교차하는 지점에서 일을 찾으라고 조언합니다. 그렇게 하지 않으면 평생 일하거나 공부하지 못할 것입니다.

만약에 내가 계속 연구소에서 엔지니어로서 일했다면, 명을 다하지 못했을 수도 있습니다. 그나마 35세에 깨닫고, 4년 만에 진로를 바꾸어서 지금 이렇게 보람찬 인생을 살 수 있는 것입니다.

누구에게나 하나님이 주신 은사가 있기 마련입니다. 교육은 그것을 찾아 주는 역할을 해야 합니다. 얼마 전, 해외 출장에서 돌아오는 비행기 안에서 〈유희열의 스케치북〉을 시청했습니다. 마침 래퍼 비와이가 자신이 무엇을 잘하는지를 찾아 준 선생님과의 일을 회상하며 감사하다는 이야기를 했습니다. 바로 그것이 선생님의 역할입니다.

그런데 자기가 좋아하는 일, 잘하는 일만 가지고는 평생 행복하게 살기는 쉽지 않습니다. 일의 가치를 깨닫고 보람도 느껴야 합니다. 자기가 하는 일을 통해 이 세상에 더 많은 가치를 남기고 또 더 많은 사람들을 유익하게 할 수 있을 때 진정한 일의 보람을 느끼고 참된 행복을 경험할 수 있습니다. 지금까지 내가 살아 본 결론입니다.

가치 있는 일, 보람 있는 일을 해야 진정한 행복을 맛볼 수 있습니다. 즉 하나님께 받은 사명대로 일해야 더 신나게 오래 지속할 수 있습니다. 똑같은 래퍼라도 자신이 사회를 위해서 뭔가 기여할 수 있음을 알 때, 더 행복하지 않겠습니까? 자신을 향한 하나님의 뜻을 알고, 그것대로 살아가는 크리스천의 삶이야말로 가치 있고 보람되지 않겠습니까?

학생들에게 무엇을 위해 돈을 많이 벌고 싶으냐고 물었더니, 제대로 대답하는 이들이 없었습니다. 의사가 되겠다면서, 무엇을 위해 의사가 되려고 하느냐는 물음에 답하지 못한다면, 그 인생의 끝은 무엇일까요?

의사가 되는 게 인생의 끝인가요? 만약에 그렇다면, 의사가 되는 순간 절망에 빠질지도 모릅니다. 얻을 것을 다 얻었으니 그다음 목표가 있겠습니까?

지식은 대학이 아니어도 얼마든지 얻을 수 있습니다. 대학은 지식을 얻게 하는 것으로 끝나지 않고, 얻은 지식으로 문제를 어떻게 해결하며 살아갈지를 가르치고 훈련시켜야 합니다. 어떤 기업에서는 강남 출신의 명문대 졸업생은 오히려 뽑지 않는다고 합니다. 왜냐하면 회사에서 일을 시켜 보니 스스로 문제를 해결할 능력이 없더라는 것입니다. 직장에 다니면서도 업무를 스스로 해결하지 못해서 과외선생을 붙여줘야 할 정도로 심각한 수준이라고 했습니다. 굉장히 충격적인 이야기입니다.

그 이야기를 듣고, 시대가 안고 있는 문제를 해결할 능력 있는 인재를 키우겠다는 목표를 세웠습니다. 그것이 우리 학교의 사명이라고 믿습니다. 교과서 지식을 줄줄 외는 것으로 각양각색의 사회 문제를 어떻게 해결하겠습니까? 왜라는 질문을 하지 않은 채, 지식만 축적하는 것은 바로 우리 교육이 지닌 문제입니다. 우리에게 필요한 것은 새로운 것을 구상하고 찾아낼 수 있는 창의력과 문제 해결 능력입니다. 한두 번 실패를 경험하더라도 다시 일어서서 문제를 해결할 수 있도록 가르쳐야 합니다.

남을 따라가면
미래가 없다

최근에 《괴짜경제학》(Freakonomics)을 쓴 세계적인 경제학자 스티븐 레빗(Steven Levitt)이 스티븐 더브너(Stephen J. Dubner)와 공저한 《괴짜처럼 생각하라》(Think Like A Freak)를 읽었습니다. 스티븐 레빗은 '뉴욕 시내 개똥 제거 계획', '사람들이 투표에 참여하는 이유', '자살 폭탄 테러리스트들의 보험 가입', '교사들의 IQ가 떨어진 이유', '사람을 죽인 의사들의 잘못된 관행' 등 엉뚱한 주제의 기상천외한 해법 제시로 우리가 가진 고질적인 선입견을 드러내고, 결정과 선택을 혁신적으로 바꾸어 나갈 방법을 제시합니다.

스티븐 레빗이 말하는 혁신은 선입견과의 싸움입니다. 철저한 자기 혁신과 자기 부인입니다. 자신이 확신했던 것들과 냉정하게 결별하고, 과감하게 새로운 것에 도전하는 것입니다. 그의 '괴짜 경제학' 이론이 내게 큰 위로와 격려가 되었습니다.

만 40세 때 나는 괴짜 원장으로 불렸습니다. 내가 몸담았던 KETI 원장이라는 자리는 IT 산업과 이를 포함하는 지식기반 산업 전반의 변화를 조망해 볼 수 있는 좋은 기회였습니다. 그때 내가 괴짜 원장으로 불린 이유는 "돈이 안 되는 연구는 하지 말자"고 주장했기 때문입니다. 이 때문에 당시 KETI 내에서 엄청난 저항을 견뎌야 했지만, 내가 그렇게 주장한 이유가 있었습니다. 왜냐하면 국책연구소를 세운 이유와 목적은 우리나라의 기업들을 돕고 나라의 미래를 준비할 기술을 개발하기 위함인데, 그 당시에 아무리 봐도 우리 연구소 덕분에 돈을 벌었다는 기업이 거의 없었던 것입니다. 연구에 100억을 투자했으면, 최소한 투자금은 회수해야 할 텐데, 1천억을 투자해서 100억도 회수하지 못한다면, 심각하게 재고해 봐야 한다고 생각했습니다.

국민의 세금으로 운영되는 국책연구소는 국가 발전과 미래 준비에 도움이 되는 연구를 해야만 합니다. 그런데 전문가들은 자기 골방에 숨으려고만 합니다. 어떤 과학자가 골방에 들어앉아 두더지처럼 몇십 년 동안 연구만 하다가 세상에 나왔더니, 세상이 너무나 달라져서 차마 문밖에 나오지 못하고 다시 골방으로 들어갔다는 이야기가 있습니다. 구태의

연한 연구 풍토를 풍자한 유명한 이야기입니다.

그래서 나는 기업으로 하여금 돈을 벌게 해 주자고 주장했습니다. 사업화연계 기술개발사업(Research & Business Development, R&BD)을 해야 하고, KETI를 기업형 연구기관의 방향으로 가야 한다고 못 박았던 것입니다. 하지만 오랜 타성에 젖어 있던 연구원들은 이해하지 못했습니다. 국책연구소는 국가에서 지원하는 연구 자금에 관해 책임지지 않아도 된다는 무사안일과의 싸움을 버겁도록 오래 했습니다.

나는 전문가들에게 자기 지식만 나열하는 실속 없는 긴 브리핑 대신 5분 안에 연구 목적과 결과를 설명하고, 마지막에 그 연구를 통해 사업적으로 얼마나 성과를 거둘 수 있을지를 설명하라고 요구하기 시작했습니다. 자신의 연구 성격과 성과를 새로운 방식으로 설명하게 한 것입니다. 처음엔 연구를 시작하고 난 뒤 6개월마다 발표하게 했고, 약속에 따라 연구 성과를 스스로 점검하게 했습니다. 그렇게 해서 허황된 대선 공약처럼 난무했던 낭비에 가까운 전시 행정적인 프로젝트들을 없앴고, 연구소와 국가의 성장에 기여할 수 있는 프로젝트들만 생존할 수 있는 연구 풍토를 만들었습니다.

처음에는 불평이 많았고, 나를 보는 시각에도 호불호가 갈렸습니다. 그럼에도 불구하고, 연구소의 정체성을 긍정적이고 혁신적으로 확대시켜서 새로운 가치를 창출하는 데 전념했습니다. 그래서 나는 기존 질서에만 안주한 사람들에게는 귀찮고 두려운 존재였지만, 새로운 일을 하고 싶어도 오랜 관행에 묶여 애만 태웠던 사람들에게는 단비와도 같은 존재가 되었습니다.

연구 성과가 낳은 혜택을 나누자 그 후로는 반대하던 일부 사람들이 언제 그랬냐는 듯 잠잠해졌습니다. 노력의 대가, 즉 혁신과 변화의 달콤한 대가를 경험한 이들은 모두 한마음으로 자신을 변화시키고, 기꺼이 용기를 내어 새로운 일에 도전했습니다. 내가 괴짜가 되는 것을 두려워하지 않았기에 가능했던 변화입니다.

내가 제일 듣기 싫었던 말은 "이전에 누가 그것을 해 본 사례가 있느냐?"는 것이었습니다. 일본도 안 했고, 미국도 안 했으니까 우리도 할 수 없다고 말하는 사람들이 있었습니다. 그러나 나는 오히려 일본도 안 했고, 미국도 안 했으니 우리가 먼저 해야만 한다고 주장했습니다.

기업체나 정부 조직이나 이런 마인드가 있어야 성장합니다. 그런데 우리나라는 지금도 선진국을 뒤따라가려고만 합니다. 정부와 기업 모두 미국, 일본, 독일 등 선진국의 변화에만 온 신경을 집중합니다. 그럼으로써 글로벌 시대에 우리 국민으로 하여금 근시안을 갖게 합니다.

4차 산업혁명과 함께 세계 시장이 변하고 있습니다. 이제 '따라가는 나라'는 살아남기 어려운 시대가 되었습니다. 미국이든 일본이든 선진국을 따라가기만 한다면, 우리 전망은 어둠뿐일 것입니다. 앞에서도 말했듯이, 미래 사회의 살길은 누가 선점하는가에 달렸습니다. 따라가는 기업이나 나라에는 미래가 없습니다.

앞서가는 사람은 다른 눈을 갖게 됩니다. 잠자리 눈처럼 시야가 넓어지고, 히말라야를 누비는 셰르파처럼 멀리 볼 수 있습니다. 그 눈이 확신을 주고, 확신에 따라 실천에 옮기면 됩니다. 앞서가는 사람은 남들이 가지 않는 곳으로 갑니다. 그리고 남들이 보지 못하는 곳을 봅니다. 다른 이들이 전례를 찾고, 성공 사례와 실패 사례를 조사하는 동안에 그들은 성큼성큼 발걸음을 옮겨 전진합니다.

물론, 시행착오를 피할 수 없습니다. 하지만 시행착오는 고스란히 성공이라는 열매의 거름이 될 것입니다. 무주공산과도 같은 미지의 시장을 가장 먼저 개척하는 자가 승리합니다. 미래는 바로 그런 사람들의 것입니다.

세계화 전략으로
벽을 넘어라

현재, 대한민국은 기로에 서 있습니다. 우리에게는 선진국으로 도약할수 있는 성장 잠재력이 분명히 있습니다. 우리 안에 독창적이며 탁월한 DNA가 있기 때문입니다. 그런 반면에 아주 치명적인 단점도 있는데, 바로 정치와 교육의 낙후성입니다.

정치와 교육이 뒤떨어져 있는 이유는 급변하는 디지털 시대에 두 분야만이 유독 아날로그 시대에 머물러 있기 때문입니다. 경제계의 의사결정 방식은 공간과 시간의 한계를 뛰어넘은 지 오래입니다. 그런데 정치적 결정은 아직도 국회라는 공간에서 이루어집니다. 무슨 안건이든 국회의원들이 의결 정족수 이상으로 모여야 결론을 내릴 수 있습니다. 중세 봉건시대에나 있을 법한 방식과 제도로 국가 정책을 결정하는 것입니다. 느리고 비효율적이며 제한적입니다.

포털 사이트에서는 디지털로 모인 데이터들이 알아서 거의 실시간으로 결정하고 실행에 옮기는데, 정치는 여전히 몇 년에 걸쳐서 법을 개정하고 실행합니다. 그 사이에 세상은 몇 번이나 뒤집힙니다. 정치와 사회는 그렇게 점점 더 멀어져 가고 있습니다. 그 와중에 우리 산업은 세계화라는 장벽을 넘지 못해 계속해서 넘어지고만 있습니다.

전 세계에서 소셜 네트워크 서비스(SNS)를 제일 먼저 시작한 나라는 바로 한국입니다. 싸이월드(CyWORLD)를 기억할 것입니다. 페이스북보다 5~6년 전에 나왔는데, 지금은 사람들의 기억에서 잊혀지고 있습니다. 세계화에 실패했기 때문입니다.

삼성이 오늘날과 같은 세계적인 기업이 된 것은 전적으로 세계화에 성공한 덕분입니다. 1980년대만 해도 삼성전자는 일본의 소니와 비교조차 되지 않는 기업이었습니다. 삼성이 소니를 이기리라고 생각한 사람은 아무도 없었습니다. 그런데 2005년, 삼성이 소니를 이겼습니다. 이유는 단하나, 세계화였습니다. 소니는 1990년대 초에 삼성전자보다 기술력이 훨씬 앞서 있었고 HDTV 개발을 이미 끝낸 상태였습니다. 문제는 소니의 기술이 아날로그 방식이었다는 것입니다.

삼성전자가 HDTV 개발 방식을 두고 기로에 있을 때 굉장히 보기 드문 일이 벌어졌습니다. 담당 부처 공무원들이 혁신적인 결정을 내린 것입니다. 그들은 HDTV를 아날로그 방식으로 개발해 봤자 일본의 아류에 그치고 말 것으로 생각했습니다. 그래서 과감하게 디지털 HDTV를 개발하기로 결정했습니다. 곧 디지털 시대가 올 것이라는 전문가들의 조언을 따른 결정이었습니다. 바로 이런 사람들이 선각자입니다.

그때의 결정으로 우리나라가 변했습니다. 초고속 인터넷이 상용화되면서 디지털 시대가 열린 것입니다. 초고속 인터넷 시대가 그렇게 빨리 올 것이라고 아무도 예상하지 못했는데, 1990년대 말에 디지털 시대가 열린 것입니다. 그즈음 HDTV 기술 개발이 끝났습니다. 절묘한 타이밍이었습니다.

당시 자만에 빠져 있던 일본은 디지털 시장을 보고도 진출할 수가 없었습니다. 세계화의 개념도 없었습니다. 그때만 해도 일본인들의 영어 실력이 우리보다 훨씬 뒤처져 있었습니다. 모든 게 일본어로만 되어 있었습니다. 좋은 물건을 만들었으니 알아서 사가라는 태도였습니다. 그때 과감하게 세계화에 올인했던 삼성이 소니를 따라잡았고, 마침내 역전에 성공한 것입니다.

그즈음 세계 최초의 온라인 서비스들이 봇물처럼 쏟아져 나왔습니다. 한국의 독창적인 컴퓨터 공학자들이 개발한 인터넷 무료전화 서비스인 다이얼패드(Dialpad)도 이때 나왔습니다. 하지만 이내 소멸해 버렸고, 지금은 스카이프(Skype)가 돈을 벌어들이고 있습니다. 그밖에도 우리나라가 세계 최초로 인터넷을 기반으로 한 여러 온라인 서비스를 개발했지만, 정작 이 서비스로 돈을 벌고 있는 나라는 미국입니다. 이유는 같습니다. 세계화에서 밀렸기 때문입니다.

그런데도 우리는 아직도 미국, 일본, 독일을 따라가기만 하면 된다는 매우 소극적인 자세를 취하고 있습니다. 성공적인 세계화를 위해서 단순히 좋은 물건만 만든다고 되는 게 아닙니다. 또 앞에서 보았던 다이얼패드나 싸이월드처럼 다른 나라보다 빨리, 세계 최초로 만든다고 해서 되는 것도 아닙니다.

세계화의 전략으로는 첫째, 영어를 기본으로 각국의 다양한 언어와 문화를 이해해야 합니다. 둘째, 전 세계 여러 나라들과 네트워크를 형성하고, 그러한 글로벌 네트워크를 기반으로 지역 전문가를 양성해야 합니다. 지금까지는 주로 선진국을 중심으로 네트워크를 형성해 왔는데, 이제는 우리의 시장을 더욱 다변화할 필요가 있습니다. 특히 개발도상국과도 네트워크를 형성하고 그 지역 전문가를 많이 양성해야 합니다.

그런 의미에서 SUNY Korea는 세계화를 앞서 이뤄갈 전초 기지가 될 수 있을 것입니다. 왜냐하면 현재 SUNY Korea 학생의 25%가 외국인 학생들이고, 35개국에서 온 다양한 학생들이 SUNY Korea에 모여 같이 공부하며 생활하고 있기 때문입니다. 다양한 언어와 문화를 가진 이들이 SUNY Korea에서 3년, 미국 본교에서 1년간 함께 뒹굴고 공부하며 우정과 실력을 쌓아서 글로벌 네트워크를 형성한 후 졸업하면 이들이 세계 각국에 진출해서 세계화를 주도할 것입니다. 그들은 그 지역을 유익하게 할 뿐만 아니라 이 세상을 유익하게 하는 글로벌 리더로 성장하게 될 것입니다. 송도의 SUNY Korea에서 작은 세계화를 이룬 학생들이 졸업 후 더 큰 세상에 나가, 그동안 기성세대들이 넘지 못했던 벽을 넘어 새로운 역사를 쓰고, 이 세상을 보다 더 나은 세상으로 바꿔갈 것을 기대하고 있습니다.

이기적인 감사를
멈추라

    김대중 전 대통령이 당선자 시절이었을 때 "군 복무 기간을 줄여서라도 젊은이들을 해외에 보내자"고 제안했던 적이 있습니다. 한 달에 50만 원 정도만 있어도 너끈히 살 수 있는 해외에서 현지 분위기를 익히고 돌아오면 나중에 사회에 나왔을 때, 기업이나 개인에게 요긴한 경험이 될 것으로 생각했기 때문입니다.

    아쉽게도 그 제안은 실행에 옮겨지지 못했지만, 만일 그때 실행되었더라면 당시 군 복무를 했던 젊은이들이 지금쯤 40대가 되어 아마도 틀림없이 그 지역의 전문가로 왕성하게 활동하고 있을 것입니다.

전 세계, 가장 많은 나라에 흩어져 살고 있는 민족은 다름 아닌 우리 민족입니다. 수치로는 중국인들이 더 많이 흩어져 살지만, 다섯 개 대륙 거의 모든 나라에 한국인이 있습니다. 우리에게는 어디서든 기어코 살아남는 생존력의 DNA가 있습니다. 말도 빨리 배우고, 그 나라의 문화를 습득하는 능력도 탁월합니다. 조국에서 왕따 당하는 경우가 많아서 서운해하는 이들이 많긴 하지만, 그들도 결정적인 순간에는 우리나라와 지구촌을 잇는 가교 역할을 하곤 합니다.

SUNY Korea는 그렇게 세계와의 가교 역할을 할 사람들을 키우고 있습니다. 외국인 친구들과 함께 공부하는 동안에 자연스럽게 친구의 나라에 관해 배웁니다. 방학 때면 친구의 나라로 봉사 활동을 가서 그 나라를 돕고, 비즈니스를 일으켜 줍니다. 그것이 바로 가능성의 공유(Shared Possibility)입니다.

나는 학생들에게 이런 말을 자주 해 줍니다.

"앞으로는 한국에서 좋은 직장을 얻는 것을 성공으로 생각하지 마라. 한국의 성공 경험을 가지고, 친구들이 사는 개발도상국으로 가라. 그들이 할 수 없는 글로벌 네트워크와 언어로 그들과 함께 산업을 일으키고, 그들 삶에 변화를 주어라. 성공은 아무도 가지 않은 그 길에서 너희를 기다리고 있다."

우리나라 사람들이 똑똑함에도 불구하고, 외국에서 그다지 높은 평가를 받지 못했던 것은 교육 문제입니다. 베트남의 공산화 이후 많은 베트남인이 보트피플이 되어 미국으로 건너갔습니다. 그들 중에는 조폭도 많았는데, 아무리 먹고살기 힘들어도 자기 민족만큼은 괴롭히지 않았다고 합니다. 그런데 우리나라 조폭들은 유독 같은 한국인을 상대로 해코지했다고 합니다. 미국인이나 다른 나라 사람들을 건드리면 골치 아프니까 동족 중에 힘없고 돌봐 줄 사람 없는 이들을 괴롭혔던 것입니다. 결과적으로 아무리 국민소득이 높고, 평균 학력이 높아도 한국인은 베트남인보다 못하다는 인식을 심어 주었습니다.

어렸을 때부터 남에게 이기는 법만 가르치는 것은 부모의 잘못입니다. 이기적인 심성이 낳은 비극을 적나라하게 보여 주고, 생각하게끔 한 글이 있습니다. 박노해 시인의 〈감사한 죄〉라는 시입니다. 팔순이 넘은 어머니가 그동안 살아오면서 드렸던 소박한 감사들이 모두 이기적인 것이었음을 통회하는 내용입니다.

감사한 죄

새벽녘 팔순 어머니가 흐느끼신다.
젊어서 홀몸이 되어 온갖 노동을 하며
다섯 자녀를 키워낸 장하신 어머니,
눈도 귀도 어두워져 홀로 사는 어머니가
새벽기도 중에 나직이 흐느끼신다. (…)

내 나이 팔십이 넘으니 오늘에야
내 숨은 죄가 보이기 시작하는구나!
거리에서 리어카 노점상을 하다 잡혀온
내 처지를 아는 단속반들이 나를 많이 봐주고,
공사판 십장들이 몸 약한 나를 많이 배려해주고
파출부 일자리도 나는 끊이지 않았느니라.
나는 어리석게도 그것에 감사만 하면서
긴 세월을 다 보내고 말았구나.

다른 사람들이 단속반에 끌려가 벌금을 물고
일거리를 못 얻어 힘없이 돌아설 때도,
민주화 운동 하던 다른 어머니 아들딸들은
정권 교체가 돼서도 살아 돌아오지 못했어도,
사형을 받고도 몸 성히 살아서 돌아온
불쌍하고 장한 내 새끼 내 새끼 하면서
나는 바보처럼 감사기도만 바치고 살아왔구나.
나는 감사한 죄를 짓고 살아왔구나. (…)

내 아이가 대학에 합격했을 때, 다른 가정의 자녀는 불합격했을 텐
데…. 나만 잘되면 그만인 듯 감사해 왔던 것을 죄로 고백하는 시인의
모습에서, 정말로 우리 사회에 이기적인 감사가 많구나 하는 것을 새삼

깨달았습니다.

과거에 열심히 공부하고, 악착같이 일해서 가족을 지키고 나라에 기여하는 것으로 우리나라가 박수갈채를 받았다면, 이제는 이웃 나라를 돌아보고 도움을 줄 수 있는, 가능한 모든 방법을 동원해서 기꺼이 나눌 줄 아는 아름다운 나라가 되어야 할 것입니다. 지구촌 여러 나라와 가능성을 공유하고, 풍요를 나누는 것은 단순히 우리 명예로 그치지 않고, 다음세대가 세계 무대에 나가 자랑스럽게 활동할 수 있는 도약대가 되리라는 사실을 잊지 말아야 합니다.

자신의 부와 성공과 이익만을 추구하고 있는 지금의 경제와 시장은 머지않아 한계를 드러낼 것입니다. 자신의 탐욕을 채우기 위해 수단과 방법을 가리지 않는다는 의미에서 이를 '탐욕 자본주의'라 할 수 있습니다. 나는 이러한 탐욕 자본주의의 틀이 이제는 많은 사람을 이롭게 하는 '홍익 자본주의'로 바뀌어야 한다고 생각합니다. 우리나라가 이웃 나라들을 돌아보고 도움을 주는 홍익 자본주의의 모델을 만들어 전 세계에 제시하면 좋겠습니다. 또 SUNY Korea 학생들이 졸업 후 세상에 나가 더 많은 사람의 유익을 구하는 홍익 자본주의를 실천하는 메신저가 되어주길 바라고 있습니다.

함께 가는 길,
시장의 파이 키우기

나는 요즘 중국 시진핑 주석의 경제 정책을 주목해서 보고 있습니다. 그의 진두지휘 아래, 지금 중국은 근본을 고쳐 나가고 있습니다.

그중 첫 번째가 정직입니다. 정직하고 투명한 경제 원칙을 세우고, 그런 시장을 만들어 나가겠다는 것입니다. "투명한 중국 시장이라고?" 하면서 의아해할 사람도 있을 것입니다. 나도 과연 그것이 가능할까 의구심을 품고 있습니다.

그러나 중요한 것은 중국이 우리처럼 서구 자본주의를 따라가지 않는다는 것입니다. 그들은 자기들만의 독자적인 길을 찾아가고 있고, 그 길을 가는 데 필요한 고통을 감수하기로 결정했다는 것이 중요합니다.

일본은 이 점에서 중국보다 뒤처져 있습니다. 우선 금융 실명제가 아직도 시행되지 않고 있습니다. 금융 실명제는 경제 투명화의 가장 기본적인 조건입니다. 우리나라는 이미 20여 년 전부터 실명제를 시행해 왔습니다. 그런 면에서 일본은 근본적인 개혁을 하는 데 실패한 나라입니다. 본질이 바뀌지 않는 한, 일본 경제는 한계가 있을 수밖에 없습니다. 그럼에도 불구하고 일본은 선진국, 중국은 후진국이라는 편견을 가진 사람이 아직도 많습니다.

하지만 중국은 더 이상 우리가 물건을 팔아먹는 대상이 아닙니다. 중국은 모든 분야에서 매우 빠른 속도로 한국과 대등한 기술과 경험을 확보해 가고 있으며, 그로 말미암아 중국에 팔 상품이 점점 줄어들고 있습니다. 우리가 만든다면, 그들도 만들 수 있기 때문입니다. 그들은 이제 우리에게 소비자를 넘어서 최고의 글로벌 파트너가 되었습니다. 중국뿐 아니라 다른 개발도상국들도 같은 시각으로 바라봐야 합니다.

글로벌 파트너들과 좋은 파트너십을 유지하는 데 필요한 것은 바로 윈윈 전략(win-win strategy)입니다. 혼자가 아닌 함께 잘되는 길을 모색해야 합니다. 혼자만 빨리 갈 게 아니라 함께 멀리 가는 전략을 펼쳐야 합니다. 그런데 그게 말처럼 쉽지가 않습니다. 한정된 시장에서 나눠 먹기를 하다 보면, 어쩔 수 없이 경쟁할 수밖에 없습니다.

이 문제를 해결하는 최선의 방법은 시장의 파이를 키우는 것입니다. 1백

억짜리 시장을 1조짜리 시장으로 만들면, 경쟁자 간의 관계가 더욱 좋아질 것입니다. 아시아 시장만 보던 데서 세계 시장으로 눈을 넓히면 됩니다. 그렇게 하려면, 중국도 우리도 서로가 필요합니다. 이렇게 해서 글로벌 파트너십을 늘려가야 합니다.

파이 키우기를 위해 관심을 쏟아야 할 분야가 바로 미래 서비스 산업입니다. 한국은 제조업으로 성장한 대표적인 나라입니다. 그러다 보니 경제 규모에 비해 서비스 산업이 약한 편입니다. 그중에 대표적인 것이 교육 서비스이고, 의료와 다른 분야도 마찬가지입니다. 국내 시장만 가지고는 성장에 한계가 있지만, 시장 개방은 기득권의 저항에 부딪혀 있습니다. 노동조합까지 기득권을 보호하는 데 나선 상태입니다. 그러나 시장을 키워야만 모두에게 득이 될 수 있습니다. 이것이 바로 함께 멀리 가는 가장 이상적인 해결책입니다.

시장의 파이를 키우는 또 하나의 길은 차별화입니다. 얼마 전, TV로 영국의 프리미어리그(Premier League) 경기 중계를 봤습니다. 경기장 주변의 광고판 중에 가장 눈에 띄는 것이 바로 기아자동차였습니다. 또한 첼시 FC(Chelsea Football Club) 유니폼에는 삼성 로고가 새겨져 있었습니다. 얼마나 뿌듯했는지 모릅니다. 글로벌 기업으로 성장해 가는 우리나라 기업들을 보는 것은 큰 기쁨입니다.

세계 시장에서 기업 간의 경쟁은 매우 치열합니다. 세계 시장에 진출하고, 또한 살아남기 위해서는 많은 요인이 필요하지만, 무엇보다도 다른 기업들과의 차별화가 필요합니다. 차별화를 극도로 활용해서 시장을 지배적으로 점유하고 있는 기업이 바로 애플, 구글, 페이스북 등입니다. 이들 기업은 동종업계의 다른 기업들이 감히 넘볼 수 없는 독보적인 우위를 점유하고 있습니다. 그들의 뭔가 다른, 차별화된 매력이 고객에게 만족을 주기 때문입니다.

SUNY Korea는 중국의 명문 칭화대와 자매결연을 하고, 다양한 학술 교류를 하고 있습니다. 그들이 올 때면, 나도 기꺼이 시간을 내어 중국의 미래를 이끌어 갈 젊은이들을 만나곤 합니다. 최근에 그들에게서 흥미로운 변화를 발견했습니다. 한때 중국 젊은이들에게 선풍적인 인기를 끌었던 삼성 휴대전화가 하나도 보이지 않았던 것입니다. 한 명만 빼고, 전원이 아이폰을 쓰고 있었습니다. 3년 전까지만 해도 삼성 휴대전화는 중국 중산층의 상징이었습니다. 중국 휴대전화 시장에서 1등을 차지했던 삼성 휴대전화가 5등으로 추락했습니다. 어느새 중국의 휴대전화 기술이 한국을 따라잡은 것입니다.

아이폰의 압도적인 시장 점유의 비결은 패러다임 선도에 있습니다. 삼성을 비롯한 다른 휴대전화 회사들은 휴대전화 기기를 광고합니다. 그러나 아이폰은 아이폰으로 인해 달라질 문화를 광고합니다. 휴대전화를 사는 게 아니라 문화를 사는 것이란 인상을 주는 것입니다. 그래서 아무리 비싸도 아깝지 않은 것입니다. 아이폰이 그리는 문화를 함께 누리기 위해 기꺼이 돈을 지불하고 아이폰 나라의 신분증을 얻는 것입니다. 그래서 아이폰은 휴대전화 중 하나가 아닌 그냥 '아이폰'입니다. 소속이 다르고, 차원이 다릅니다.

이제 우리나라도 시장의 파이를 키우기 위해서 미래 서비스 산업에 관심을 쏟아야 합니다. 우리가 잘할 수 있는 독자적인 길을 찾아서 세계화 전략으로 벽을 넘고, 글로벌 파트너들과 함께 윈윈 전략으로 모두가 잘 되는 길을 모색해야 합니다. 이미 좋은 글로벌 파트너십을 실현하고 있는 SUNY Korea의 학생들이 이 세상에 아이폰과 같은 차별화된 새로운 패러다임을 제시하고, 새로운 가치를 창출할 날이 곧 오리라 기대하고 있습니다.

내가
아닌

우리로

박사 학위를 받은 날로부터 약 30년간 엔지니어로, 국책연구원 원장으로, 또 대학 교수와 총장으로 다양한 삶을 살아오면서 한결같이 가장 많이 생각해 온 주제는 리더십입니다. 바른 리더십이 있어야 시대의 변화 속에 개인과 공동체가, 나아가 나라와 민족이 올바른 방향으로 전진해 나갈 수 있습니다. 교육의 궁극적인 목적은 좋은 리더를 키우는 것입니다.

　오랜 경험을 통해 얻은 결론 중의 하나는, 바람직한 리더십은 신뢰에서 나온다는 것입니다. 어떤 사람이 가진 이상과 그가 보여 주는 삶의 모습이나 생각과 행동이 사람들에게 믿음을 주고 희망을 줄 때, 비로소 리더십이 탄생합니다. 나이나 직위나 돈의 많고 적음은 전혀 상관없습니다. 남녀의 차이도 없으며, 인종이나 국적이 달라도 상관없습니다. 믿음직한 사람, 즉 믿고 싶은 사람이 바로 그 공동체의 참된 리더입니다.

　리더가 사람들의 신뢰를 얻으려면 다음 세 가지 요건을 갖추어야 합니다. 첫째, 그는 사명(mission)이 있는 사람이어야 합니다. 둘째, 그는 능력(ability)이 있는 사람이어야 합니다. 셋째, 그는 인격(personality)을 갖춘 사람이어야 합니다. 이 세 가지 요건의 첫 글자를 따서 MAP으로 표현하고, 이것을 갖추려면 어떻게 해야 하는지 전략을 이야기하겠습니다.

MAP 1. Mission

삶의 목적을
찾아라

리더십은 사명(mission)에서 출발합니다. 좀 더 쉬운 말로 표현하자면, 삶의 목적을 분명히 알아야 한다는 것입니다. 사명, 즉 목적의식이 분명할 때 리더십이 생깁니다. 권위 있는 사람이 사람들을 이끌어 간다면, 사명이 있는 사람은 사람들로 하여금 스스로 나아가게 합니다. 이것이 진정한 리더십입니다.

그래서 나는 SUNY Korea의 학생들에게 사명을 꼭 찾아 주고 싶습니다. 얼마나 많은 학생에게 사명을 찾아 주었는가가 SUNY Korea의 성공

평가 기준이기도 합니다. 그래서 첫 번째 MAP 전략은 "삶의 목적을 찾아라"입니다.

많은 학생이 대학을 졸업한 후에 대학원을 가겠다, 교수가 되겠다, 비즈니스를 하겠다고 말하지만, 왜 대학원에 가고, 왜 교수가 되고, 왜 비즈니스를 해야 하는가를 물으면 시원하게 대답하는 이가 드뭅니다. 단순히 성공하고 싶다거나 돈을 많이 벌고 싶다는 등의 상투적인 대답만 할 뿐, 마음에서 우러나온 소신을 진정성 있게 답하는 학생은 거의 보지 못했습니다. 그러나 별다른 목적 없이 공부하거나 직업을 선택한다면, 최악의 삶을 각오해야 할지도 모릅니다.

나 역시 사명을 찾기 전에는 그들과 비슷한 삶을 살아왔습니다. 하지만 사명을 찾은 뒤로 완전히 새로운 삶을 살고 있습니다. 나는 "사람은 세 번 태어나야 한다"는 말을 자주 하는데, 첫 번째는 어머니 뱃속에서 태어나야 하며, 두 번째는 복음을 통해서 거듭나야 하고, 마지막으로 사명을 발견하면서 또 한 번의 탄생을 경험해야 한다는 뜻입니다.

스위스 출신의 법률가이자 사상가이며 독실한 크리스천인 카를 힐티(Carl Hilty)가 이런 말을 했습니다.

"인생 최고의 날은 자신의 사명을 발견한 날이다."

사명은 하나님의 부르심입니다. 이 부르심을 모른 채, 자기 힘과 자기 생각만으로 살아가면 삶의 조화가 깨지고 관계가 복잡해지며, 결국에는 길을 잃고 맙니다. 반면에 하나님의 부르심을 깨닫고 나면, 사람이 변합니다. 삶의 방식도 바뀝니다.

믿음이 있는 사람은 저마다 사명이 있습니다. 사명은 마치 하나의 퍼즐 조각과도 같아서 각자가 하나님 나라의 일꾼으로서 자기 부르심에 합당하게 살아야 함께 어우러져 하나님 나라를 이룰 수 있습니다. 어떤 이는 가난하게 살고, 또 어떤 이는 부하게 삽니다. 유명인의 삶을 살기도 하고, 세상이 기억조차 못 하는 삶을 살기도 합니다. 하지만 사명이 있다면, 세상의 기준에 흔들리는 법이 없습니다. 사랑에 빠진 사람이 연인을 향해 달려가듯이 확신에 넘쳐 견고하게 살아갑니다.

사명 없는 삶을 살았던 대표적인 인물로 세기적인 여배우, 마릴린 먼로(Marilyn Monroe)를 들 수 있습니다. 먼로는 첫 번째 결혼에서 실패한 뒤에, 메이저리그의 전설이 된 뉴욕 양키스의 강타자 조 디마지오(Joe DiMaggio)와 결혼했습니다. 조는 마릴린을 사랑했고, 매우 헌신적이었지만, 결국 성격 차이를 이유로 짧은 결혼 생활을 마치고 이혼했습니다. 마릴린은 이혼한 뒤에야 조와의 삶이 행복했었다는 사실을 깨닫고, 재결합을 시도하던 중에 약물 과다 복용으로 숨을 거두고 말았습니다.

마릴린 먼로가 죽은 뒤에 조 디마지오가 이후 20여 년간 매주 세 번씩 장미꽃을 무덤에 바쳤다는 일화는 유명합니다. 훗날 그는 "세상 사람들이 부러워하는 모든 것을 가졌던 그녀에게 단 한 가지가 없었는데, 그것은 바로 삶의 의미(사명)였다"라고 회고했습니다.

그런가 하면 《죽음의 수용소에서》(Man's search for meaning)의 저자 빅터 프랭클(Viktor Frankl)은 유태인 정신의학자로서 아우슈비츠 수용소에서 살아남은 사람 중의 한 명입니다. 그는 자신을 비롯한 소수의 살아남은 사람들이 보인 차이점을 한 가지 발견했는데, 그것은 돈도 학력도 건강도 아니었습니다. 어떻게 해서든 살아남아야 한다는 목적의식과 삶의 이유가 분명했다는 점이었습니다. 그의 이야기는 분명한 존재 이유, 즉 사명이 사람으로 하여금 살게 하고, 내일을 기대하게 한다는 메시지를 우리에게 전해 줍니다.

사람은 사명이 없으면 일하지 않습니다. 공부도 하지 않습니다. 노력 또한 하지 않습니다. 작은 어려움에도 쉽게 넘어집니다. 한번 넘어지면 다시 일어나지 못합니다. 그에겐 모든 것이 의미 없고, 삶은 기쁘지도 않거니와 행복과는 거리가 멀기에 그저 시간만 보낼 뿐입니다.

하지만 사명을 발견한 사람은 부지런합니다. 의욕이 넘칩니다. 밤새워 공부해도 피곤하지 않습니다. 실패해도 다시 일어나서 불도저처럼 밀고 나아갑니다. 그는 계속해서 성장하고, 자기 삶을 스스로 일으켜 세울 뿐만 아니라 다른 사람들에게 희망이 되어 주며, 많은 이에게 도움의 손길을 건넵니다.

SUNY Korea는 RC 프로그램을 통해 모든 학생이 가능한 한 빨리 자기 삶의 이유와 목적을 찾을 수 있도록 지원하고 있습니다. 이를 위해 매주 화요일에 멘토와 만납니다. 각 분야에서 많은 업적을 이룬 전문가와 사회에서 존경받는 유명 인사를 초청하여 그들이 자기 삶을 어떻게 일구어 냈는지와 그들 삶의 목적은 무엇인지를 듣고, 대화를 통해 고민을 나누면서 학생들이 자기 삶을 스스로 돌아보고, 미래를 고민하며 각자 삶의 의미와 목적을 찾아가도록 돕습니다.

또 지도교수를 통한 멘토링 프로그램을 실시하고 있습니다. 전 학생이 재학 기간 동안 본인의 전공 학과에 속한 교수 한 분을 멘토로 만납니다. 멘토 교수를 통해 입학부터 졸업 후까지 인생의 다양한 진로에 관한 고민을 상담받고 지도받습니다. 그래서 학생들은 본인의 전공이 미래의 꿈과 직업으로 어떻게 연결되고, 또 그 미래의 직업이 보람되고 의미 있는 인생과 어떻게 연결되는지를 그려 보면서 더욱 분명한 사명을 갖게 됩니다.

그뿐만 아니라 SUNY Korea 학생들은 카운셀링 서비스를 의무적으로 받아야 하므로, 모든 신입생이 인·적성 검사를 합니다. 이를 통해 본인도 잘 알지 못했던 성격의 장단점을 파악한 후 본인 적성에 맞는 공부와 진로를 선택할 수 있도록 상담받습니다. 무엇보다 전문 상담 선생님을 통해 대학 생활에서 겪게 되는 힘들고 어려운 일들과 과거 성장 과정에서 겪은 아픔과 상처들도 상담받아 밝고 건강한 자아로 치유되고 삶의 진정한 목적과 사명을 스스로 찾을 수 있도록 지속적인 도움을 받습니다.

이런 과정을 통해, 실제로 변화하는 학생들이 생겨나기 시작했고, 시간이 흐를수록 기대 이상의 성장을 보여 주고 있습니다. 입학할 때와는 완전히 달라진 모습으로 자기 목표를 향해 힘차게 달려가는 젊은이를 보는 것이 얼마나 보람된지 모릅니다. 그들을 보고 행복감을 느낍니다. 이처럼 사명은 사람을 바꾸고, 삶을 바꿉니다.

MAP 2. Ability

시대에 필요한
실력을 갖추라

리더가 사람들의 신뢰를 얻으려면 둘째로 실력(ability)을 갖춰야 합니다. 그런데 이 실력은 반드시 시대가 필요로 하는 실력이어야 합니다. 우리나라 대학이나 중·고등학교에서 가르치고 있는 교과목은 심하게 말해서 100년 전과 비교해서 별반 달라진 것이 없습니다. 우리 사회에서 학교처럼 변하지 않는 곳이 있을까요? 세상은 광속으로 달리고 있는데, 우리 교육은 여전히 도포 자락을 휘날리며 양반걸음을 걷고 있습니다.

교육은 자라나는 세대에 미래의 가치를 가르치고, 새 시대를 살아갈 실력을 갖추게 하기 위해 존재합니다. 그것이 교육의 존재 이유입니다. 그러나 남을 따라가기에도 바쁜, 시대에 뒤처진 교육으로는 학생들의 흥미를 끌 수 없습니다. 다음세대가 흥미를 잃으면, 결국 학교 공부에서 멀어질 수밖에 없고, 설사 학교 성적이 좋다고 해도 막상 사회에 나왔을 때 학교에서 배운 것이 하나도 쓸모없다는 사실에 절망하는 일이 빈번합니다.

그렇다면 이 시대가 필요로 하는 실력은 어떤 것이 있을까요? 나는 상상력과 도전 정신과 실행 능력이라고 생각합니다.

■ 상상력

이 시대에 필요한 실력은 첫째로 상상력입니다. SUNY Korea에서 자주 듣는 단어가 있는데 바로 I&BD 즉, 상상력과 사업개발(Imagination & Business Development)입니다. 자신의 색깔, 철학, 생각, 꿈을 가지고 자신의 미래를 만들어 나가기 위해서 학생들이 마음껏 상상의 날개를 펼 수 있게 만든 것입니다.

내가 SUNY Korea의 총장으로서 품은 꿈은 일류대학이 아닌 글로벌 인재를 키우는 대학을 만드는 것입니다. 내게 '일류대학'은 골동품과 같은 개념입니다. 일류대학을 나온다고 모든 것이 해결되는 게 아니기 때문입니다. 어느 대학을 나왔느냐 보다 시대의 산적한 문제를 궁극적으로 해결해 나갈 수 있는 글로벌 인재가 필요합니다. 이는 내가 대학 설립 전부터 품었던 꿈이며 교직원, 교수, 지인들의 도움을 받아 그 꿈을 이루어 가고 있습니다.

상상력을 키우기 위해서는 넓은 시야와 많은 경험이 필요합니다. 남들이 해 보지 못한 경험을 많이 해 봐야 합니다. 내가 KETI 원장으로 많은 성과를 내고 있을 때 가끔 나에게 그 비결을 묻는 사람들이 있었습니다. 그때마다 이렇게 말하곤 했습니다. "다른 엔지니어들보다 2% 정도 넓은 시야를 가진 덕분입니다." 나는 사람들로부터 "연구원 출신 맞아?" 혹은 "공학박사 맞아?"라는 말을 들을 만큼 잡다한 경험을 많이 했습니다. 아버지가 일찍 돌아가시는 바람에 하루아침에 가장이 되어 집 장사를 해 보았고, 1년 남짓 정치계 사람들과 교류도 했습니다. 연구원 원장 시절에 검찰의 참고인 조사를 받은 것도 경험이었습니다. 이런 다양한 경험들이 나를 성장시키는 자양분이 되었습니다. 전문적인 한 분야만 파고드는 사람은 상상도 못할 경험들입니다.

'전문가 바보'라는 말이 있습니다. 한마디로 하나는 알고 둘은 모르는, 자기 분야만 알 뿐 다른 분야에 대해서는 무지한 전문가입니다. 폐쇄적인 연구 풍토로 인해 한국에 전문가 바보가 의외로 많습니다. 그런 시각을 가진 후배 전문가에게 나는 "지금보다 시야를 딱 1%만 더 넓혀도 인생이 달라질 것"이라고 말해줍니다.

스티브 잡스가 애플에서 일하는 모든 전문가에게 최우선적으로 요구한 덕목은 '인문학적인 소양'이었다고 합니다. 자신의 전공과 전혀 다른 분야를 이해하고 다른 분야 전문가와 협력할 수 있는 사람이 '탁월함'을 만들어 낼 수 있다는 것을 알았기 때문입니다.

좁은 시야는 나와 같은 전문가들에게는 치명적인 고질병입니다. '이 분야는 내가 최고인데' 하는 생각이 자신을 망치고 있는 줄을 전혀 모릅니다. 하지만 세상은 그렇게 좁지가 않습니다. 내가 아는 것으로 모든 사람과 상황과 시대를 판단하는 '우물 안 개구리' 같은 사람은 다가올 시대에서 생존할 수 없습니다. 그런 사람은 성장하기도 힘듭니다.

우리는 영적인 시야도 넓혀야 합니다. 오랜 기간 교회를 다녔다고 해서 또는 집사나 장로라고 해서 자기가 예수님을 잘 믿고 신앙이 좋다고 착각해서는 안 됩니다. 또 하나님의 말씀을 자신의 지식과 경험으로만 이해하려고 하거나, 하나님의 사랑과 은혜에 대해 자신이 다 알고 있다고 착각하고 주장하고 행동한다면, 그 사람은 아직도 영적 시야가 좁은 사람이라 할 수 있습니다.

그렇다면 영적인 시야를 넓히기 위해 어떻게 해야 할까요? 내가 어린 시절에는 정전이 자주 되었습니다. 그래서 집집마다 항상 초와 성냥이 있었습니다. 밤에 갑자기 전기가 나갈 때면 촛불을 켰는데, 부분적으로 환해집니다. 그러다가 다시 전기가 들어오면 방이 온통 환해집니다. 마찬가지로 영적인 시야를 넓히기 위해서는 빛이 들어오는 수밖에 없습니다.

어부 출신인 예수님의 제자들도 그분을 따라다니면서 시야가 넓어졌습니다. 처음에는 예수님의 말씀이 이해가 안 됐습니다. 그런데 제자들이 달라졌습니다. 그 이유가 무엇일까요? 바로 빛 되신 예수님을 만났기 때문입니다. 그리고 예수님과 가까이했기 때문입니다. 그들은 예수님 덕분에 복음을 땅끝까지 전하겠다는 시야로 탈바꿈한 것입니다.

사도 바울도 예수님을 만나기 전에는 자기 지식과 경험으로 기준을 세우고 자기 세계에 갇혀 있던 사람입니다. 그는 오히려 헬라인보다 더 심하게 자기 세계에 갇혀 있었습니다. 그랬던 그도 예수님을 만난 뒤 시야가 100퍼센트 바뀌었습니다. 예수님을 믿는 사람을 옥에 가두던 사람이 이방인 선교를 하게 되었습니다. 따라서 영적으로 넓은 시야를 갖기 위해서는 빛 되신 예수님을 만나고 그분을 끊임없이 우리 인생에 개입시켜야 합니다.

■ 도전 정신

이 시대에 필요한 실력은 둘째로 도전 정신입니다. 지금은 경쟁에서 밀렸으나, 한때 세계 정상급 기업이었던 소니는, 모리타 아키오와 이부카 마사루 두 사람이 창업한 회사입니다. 이부카는 엔지니어였고, 모리타는 국제 감각과 선경지명이 탁월한 경영인이었습니다. 1946년 창업 당시 회사 이름은 도쿄통신공업주식회사였습니다. 그런데 12년 뒤에 소니라는 이름으로 바꾸었습니다.

지금은 우리나라 기업들도 기업명을 LG, SK, KT 등으로 쓰지만, 이전에는 금성, 선경, 한국통신 등 한글이나 한자로 표기했었습니다. 우리나라에서는 2000년대에 들어서면서부터야 기업 이름에 변화가 생겼는데 모리타는 훨씬 이전부터 "세계적인 기업이 되려면 발음하기 편한 이름이어야 한다"고 주장하며 회사 이름을 바꾼 것입니다. 처음엔 회사 사람들이 모두 반대했지만, 그는 기어코 자기 뜻을 관철시켰습니다. SONY로 이름을 바꾼 뒤 그 기업이 세계에 널리 알려졌습니다. 그의 예지력은 많은 열매를 만들었습니다.

모리타는 회사 이름을 바꾸고 난 2년 뒤인 1960년에 미국에 지사를 내고 자신이 직접 관리했습니다. 그가 뉴욕 거리를 걷다가 음악과 춤을 좋아하는 흑인들이 가방보다도 큰 카세트 플레이어를 어깨에 메고 다니는 것을 보고, "저걸 작게 만들 수는 없을까?"라는 생각을 했습니다. 그는 경영과 마케팅의 귀재였습니다. 그래서 탄생한 것이 바로 소니의 휴대용 카세트플레이어, 워크맨(Walkman)입니다.

소니는 트랜지스터라디오로 시작해 워크맨 덕분에 세계적인 기업으로 성장할 수 있었습니다. 그 후에 히트를 친 것이 컬러텔레비전입니다. 이후에는 별다른 제품이 없어서 지금은 시장에서 밀려났지만, 워크맨은 당시 사람들의 삶의 패턴을 바꾼 엄청난 제품이었습니다. 이처럼 시장을 보며 꿈을 꾸고, 그 일에 도전하는 정신이 위대한 기업을 낳으며, 차별화된 삶을 낳습니다.

나는 40대 초반에 KETI 원장이 되었습니다. 원장이 된 후 철저하게 새로운 도전을 시작했습니다. 그동안 연구원 시절에 구상했던 것을 실현해보고 싶었습니다. 나는 생각나는 것을 수시로 메모하는 습관이 있는데, 그것들을 남 눈치 보지 않고 해 보기로 마음먹었습니다.

그때 도전했던 것이 앞서 얘기한 사업화연계 기술개발사업(Research &

Business Development, R&BD)입니다.

엄청난 반발을 뚫고 나는 새로운 도전을 시작했습니다. 그리고 감사하게도 원장으로 있는 동안 연구사업 수익을 연평균 15%씩 증가하는 쾌거를 이루었습니다. 반발하던 연구원들도 한마음이 되어 주었습니다.

이후 건국대학교 대외협력 부총장을 맡으면서도 새로운 도전을 멈추지 않았습니다. 나는 교수들이 기존에 했던 것보다 그들이 하지 않았던 것을 하겠다고 마음먹었습니다. 나를 건국대에 부른 이유도 그 이유라고 생각했습니다. 사실, 자신이 잘났다고 생각하는 사람이 많은 집단은 다른 조직과 융합하기가 쉽지 않은 것을 봅니다. 그런데 건국대는 융합하는 데 있어 열린 마음을 갖고 있었습니다.

그리고 오명 전 총장의 강력한 의지 아래, 건국대에도 기술경영학과를 개설했습니다. 당시 나는 "MBA 시대는 가고, MOT 시대가 온다"고 주장했습니다. MBA는 경영학 석사(Master of Business Administration)를 뜻하며, MOT란 기술 경영(Management of Technology)을 말합니다. 그렇게 주장했던 이유는, 비즈니스에서 기술이 차지하는 비중이 날로 커지고 있을 뿐만 아니라, 이과 전공생이 문과로 넘어갈 수는 있어도 문과생이 이과로 넘어오기는 어렵기 때문입니다.

하지만 반대가 만만치 않았습니다. 그래서 고민하던 중에 찾아 낸 해법이 글로벌 융합이었습니다. 새로 만드는 기술경영학과에 기술경영학의 창시자인 미국 스탠퍼드대학 부총장이었던 윌리엄 밀러(William Miller)의 이름을 붙이면 어떨까 하는 생각을 했습니다. 우리 대학과 세계 명문대를 연결하고, 새로 시작하는 우리 기술경영학과를 세계적인 기술경영학과와 연결하자는 생각이었습니다. 오명 전 총장도 "허락하긴 하겠지만, 과연 될까" 하며 고개를 갸웃했습니다.

하지만 나는 밑져야 본전이라고 생각하고, 이메일을 보낸 뒤 밀러 박사를 만나러 실리콘 밸리로 날아갔습니다. 그런데 그가 그냥 좋아하는 정도가 아니라 공항에 픽업 나올 정도로 기뻐했습니다. 그렇게 해서 건국대에 MOT, 즉 '밀러 기술경영학 스쿨'이 탄생했습니다. 밀러 박사는 자비로 한국을 몇 번이나 오가면서 강의하는 등 각별한 애정을 보여 주었습니다.

그리고 SUNY Korea에도 새로운 도전을 멈추지 않고 있습니다. 이러한 도전 정신은 내가 예수님을 만난 이후, 선교사 훈련을 받고 나서 가속도가 붙은 것입니다. 그리고 돌이켜보니 KETI에서의 9년과 건국대에서의 3년간의 도전 경험을 하나님이 지금 모두 쓰고 계신다는 생각이 듭니다.

■ 실행 능력

이 시대에 필요한 실력은 셋째로 실행 능력입니다. 상상력으로 낳은 기발한 아이디어의 씨앗을 도전 정신으로 심었다면, 실행 능력은 상상력과 도전의 결과물을 완성도 높고 규모 있는 것으로 만들어 내는 능력입니다. 기발한 아이디어로 도전한다고 해서 늘 만족할 만한 결과가 나오는 것은 아닙니다. 바람직한 결과를 만들어 내는 일은 또 다른 차원의 문제이기 때문입니다.

　이 과정에서 꼭 필요한 것이 탁월한 실행 능력인데 여기에는 몇 가지 복합적인 요인이 필요합니다. 즉 탁월한 실행 능력을 키우기 위해서는 소통 능력, 집중력, 네트워크가 필요합니다.

01 소통 능력

　탁월한 실행 능력을 위해 첫째, 소통 능력이 필요합니다. 나는 되도록 교직원들과 많은 시간을 보내려고 노력합니다. 소통하기 위해서입니다. 그런 면에서 우리 학교는 교직원들 간에 비전과 사명의 공유가 원활히 이루어지고 있는 편입니다. 이것이 우리 강점이기도 합니다. 아무리 좋은 생각이라도 자기 혼자 가지고 있으면 무슨 소용이 있습니까? 내 생각을 교직원들이 이해하고 동참해 주어야 실행에 옮길 수 있고, 변화와 성장을 기대할 수 있습니다.

　학생들은 팀 단위의 수업과 RC 프로그램과 다양한 활동들을 통해 사람들과 소통하는 법을 배웁니다. 그들 스스로 모든 것을 선택하고 실행하게 함으로써 자발적으로 참여하고 교류하게 됩니다. 이로 인해 사각지대에 숨어서 사람들과 교류하지 않는 학생은 거의 없습니다. 다른 사람의 이야기에 귀 기울이며 소통할 수 있어야 하기 때문입니다.

　우리나라 사람은 아는 것이 많고, 두뇌가 명석한 데 비해서 소통 능력은 부족한 편입니다. 그래서 세계 어디를 가도 우리끼리 불협화음을 낼 때가 많습니다. 다른 민족들에 비해 시끄러운 일이 많이 일어나는 편입니다. 기술의 발달로 사람과 사람의 관계가 날로 더 중요해지는 시대에 소통 능력은 학문적 지식 못지않게 중요한 능력입니다.

우리나라 정치 상황을 봐도 국민과 소통하고 공감을 얻어 내는 것이 중요한 것을 봅니다. 정치인들이 국민을 설득해서 정책을 실행하려면 그들과 소통할 수 있어야 합니다. '내가 하는 일이 옳으니까' 하며 힘으로 밀어붙이는 시대는 이제 끝났습니다.

그러면 어떻게 해야 사람들을 설득할 수 있을까요? 아리스토텔레스가 설득에 관해 3가지를 이야기했습니다. 로고스(logos), 파토스(pathos), 에토스(ethos)가 그것입니다. 로고스는 고대 그리스어 '말하다'를 뜻하는 동사의 명사형인데 분별과 이성을 뜻합니다. 누군가를 설득하려면 자신이 주장하는 것에 대한 논리와 명분이 있어야 합니다. 파토스는 로고스와 상반되는 개념으로 정서적인 호소와 공감을 뜻하는 단어입니다. 나는 이 단어를 '열정'이라는 개념으로 이해합니다. 에토스는 정감적인 단어로 성품, 인품, 삶을 뜻합니다. 따라서 논리적인 것과 열정과 인품이 뒷받침되면 상대방의 신뢰를 얻을 수 있고, 결국 그를 설득할 수 있게 됩니다.

02 집중력

실행 능력을 위해 필요한 두 번째 요소는 집중입니다. 나는 집중력을 '올인'이라는 단어로 사용합니다. 원래 올인이라는 단어는 포커에서 가지고 있던 돈을 한판에 전부 거는 일을 뜻합니다. 그런데 올인하면 떠오르는 대표적인 CEO가 있습니다. 바로 GE의 잭 웰치 전 회장입니다. 잭 웰치는 GE에 입사해 45세에 최연소로 CEO가 되었습니다. 경영에서 대단한 집중력을 발휘한 그는 GE를 20년간 이끌었습니다.

경영의 대가로 불리는 그는 '6시그마·e비즈니스·세계화' 등의 전략으로 GE를 혁신해 세계 최고의 기업으로 성장시켰습니다. 잭 웰치는 "회사란 최고의 인재가 모여 최고의 성과를 내는 곳"이라는 강한 신념을 지니고 있었습니다. 그래서 직원 한 사람, 한 사람을 믿어 주고 그들의 리더십을 향상시키기 위해 지원을 아끼지 않았습니다. 또 퇴임 몇 달을 앞두고 하니웰 인수를 시도했습니다. 보통 후임이 정해지고 퇴임이 얼마 남지 않으면 이러한 빅딜(Big deal)은 후임에게 넘기는 게 상식인데 그럼에도 불구하고 하니웰 이사회를 모집하고 집중력을 발휘해 GE·하니웰 합병을 추진한 것은 유명한 일화입니다.

성경에서 탁월한 리더십을 발휘한 인물 하면 느헤미야가 떠오릅니다. 느헤미야서 1장을 보면 그는 화려한 수산궁에 사는 최고 권력자였습니다. 마음만 먹으면 얼마나 안락한 삶을 살았겠습니까? 그런데 그가 금식하며 기도하고 나서 모든 것을 내려놓습니다. 그 화려함과 안락함을 버리고 예루살렘으로 가겠다고 합니다. 자기의 삶을 하나님께 올인했습니다. 예루살렘이 훼파되었다는 조국의 절망적인 소식을 듣고 삶을 올인한 것입니다. 이 올인으로 결국 역사를 만들었습니다. 이처럼 철저하게 자기를 던지는 사람들은 결국 이루어 냅니다.

사도 바울은 감옥에 갇혀 있는 상황에서 기도를 부탁합니다. 보통 사람은 얼른 감옥에서 좀 나가게 해달라든지, 아니면 감옥에서 잘 지낼 수 있도록 일신에 관한 기도를 요청할 텐데 그는 철저히 복음에만 관심이 있었습니다. 바울은 복음에만 올인한 사람이었습니다. 느헤미야나 바울이나 공통적으로 복음을 위해 집중력을 발휘했습니다. 우리는 집중력에 주목해야 합니다.

그럼 집중력을 얻을 수 있는 비결은 무엇일까요?

내가 달려갈 길과 주 예수께 받은 사명 곧 하나님의 은혜의 복음을 증언하는 일을 마치려 함에는 나의 생명조차 조금도 귀한 것으로 여기지 아니하노라 **사도행전 20:24**

바울은 나의 생명조차 조금도 귀한 것으로 여기지 아니할 정도로 올인했는데 그 이유가 무엇입니까? 바울이 주 예수한테 받은 사명 때문입니다. 그 사명이 복음 증거에 올인하게 한 것입니다. 이 사명 때문에 자신의 생명조차 아깝지 않게 생각한 것입니다. 즉 사명에 대한 깨달음과 확신이 있을 때 집중력이 나옵니다. 내가 하는 일이 얼마나 가치 있고 중요한지 깨달을 때, 또 확신이 왔을 때 집중할 수 있습니다.

03 ′ 네트워크

실행 능력을 키우기 위해서는 네트워크 즉, 대인 관계 능력이 있어야 합니다. 자신이 맡은 사명을 감당하려면 타인의 도움을 받아야 합니다.

그러니 대인관계가 좋아야 합니다. 혼자 모든 일을 해결하는 시대는 끝나 버렸습니다. 4차 산업혁명시대에는 협업과 팀워크가 무엇보다도 중요합니다.

그러면 어떻게 해야 좋은 네트워크를 구축할 수 있을까요? 대인 관계의 비결은 매우 단순합니다. 황금률을 실천하기만 하면 됩니다. 황금률은 성경에 기록되어 있습니다.

무엇이든지 남에게 대접을 받고자 하는 대로 너희도 남을 대접하라
이것이 율법이요 선지자니라 **마태복음 7:12**

너무도 유명한 말씀으로, 더 설명할 필요가 없을 정도로 이해하기 쉬운 말씀입니다. 그런데 황금률을 적용해야 하는 대상이 중요합니다. 우리는 나에게 유익한 사람들만 대접하는 것이 아니라 모든 사람을 대접해야 한다는 점에 유념해야 합니다. 성숙한 인격을 갖춘 사람만이 이렇게 할 수 있으며, 이런 이유로 성숙한 인격이야말로 4차 산업혁명시대에 가장 중요한 실력이 될 것입니다.

나는 청년들에게 이렇게 말합니다. "지금은 많은 사람을 만나지 못하지만 앞으로 살면서 많은 사람을 만나게 될 것이다. 그런데 만나는 사람만 너희 편이 되어도 대단한 네트워크를 가지는 것이다."

한번 생각해 보십시오. 우리가 만나는 사람만이라도 내 편이 되고 나를 좋아해 주며, 나를 지지해 주고 내게 도움이 된다면 얼마나 많은 수가

되겠습니까? 내가 어려움을 당할 때 도움을 줄 수 있는 사람이 과연 그중 얼마나 될까 상상해 보십시오. 확률적으로 굉장히 적을 것입니다. 아마 거의 스쳐가는 만남이 많았을 것이고, 사이가 안 좋은 사람도 몇몇 있을 것입니다.

나는 좋은 네트워크를 구축하기 위해, 사람들을 만날 때 진실하게 대합니다. 진실하게 대한다는 건 사람을 만날 때 그를 이용할 생각을 하지 않고 순수한 마음으로 만난다는 뜻입니다. 그리고 상대방에게 매력 있는 사람이 되는 것입니다.

매력이라는 단어는 쉬운 것 같으면서도 어려운 단어인데 여러 가지 포인트가 있습니다. 나는 착하고 선한 성품이 매력의 기초라고 생각합니다. 그리고 상대에게 도움이 될 수 있는 사람이 되는 것입니다. 누군가 국회의원이 됐다면 그 주변에 왜 사람들이 몰리겠습니까? 대기업의 임원이 되었다면 왜 주변 사람들이 만나고 싶어 할까요? 무언가 도움을 얻기 위해서입니다.

성경에도 좋은 네트워크를 가졌던 인물이 등장합니다. 누가복음 7장에 나오는 백부장입니다. 백부장의 사랑하는 종이 병에 걸렸습니다. 종은 그 당시에 주인에게 사랑받는 대상이 아니었습니다. 그저 사고파는 물건 같은 존재였습니다. 그런데도 이 백부장은 그 종을 사랑했습니다. 아픈 종이 안타까워서 백부장은 유대인의 장로와 몇 사람을 예수님께 보냅니다. 예수님이 우리한테 오셔서 이 종을 구해 주시기를 청합니다.

백부장과 유대인 장로와의 관계는, 우리나라 일제 강점기에 일본인 관리와 우리나라 지도자와의 관계로 비유할 수 있습니다. 상식적으로 백부장과 유대인 장로와의 관계는 동급도 아니거니와 좋은 관계를 맺기가 힘든 상황이었습니다. 그런데 백부장이 유대인의 장로들을 예수님께 보낼 정도로 서로 네트워크가 되어 있었습니다.

이를 볼 때, 백부장은 좋은 네트워크를 가진 사람이었습니다. 누가복음 7장 4절에서 확인할 수 있습니다.

이에 그들이 예수께 나아와 간절히 구하여 이르되 이 일을 하시는 것이 이 사람에게는 합당하니이다 **누가복음 7:4**

유대인의 장로 및 몇몇 사람이 예수님께 찾아가서 간절히 구했고, 이종을 낫게 하는 것이 백부장에게 합당하다고 말합니다. 백부장과 얼마나 친했으면 이런 말까지 했을까 싶습니다. 그리고 다음 성경 구절에서 유대인 장로들이 왜 백부장을 사랑했는지 그 이유가 나옵니다.

그가 우리 민족을 사랑하고 또한 우리를 위하여 회당을 지었나이다 하니 **누가복음 7:5**

예수님이 그 얘기를 듣고 유대인의 장로와 몇 사람과 같이 백부장 집에 갑니다. 그다음엔 그 백부장이 예수님을 집에 못 들어오게 합니다. 그러면서 벗을 보내는데, 이 모습을 보면 백부장의 친구가 참 많습니다. 이를 보고 예수님이 이스라엘 중에서도 이만한 믿음을 만나 보지 못했다(눅 7:9)고 칭찬하십니다.

원래 이 이야기는 백부장의 믿음이 주제인데, 나는 네트워크의 시각에서 바라봤습니다. 그가 얼마나 훌륭한 대인관계를 갖고 있었는가 생각해 봅니다. 특히 나는 백부장이 자신보다 높은 사람이나 아쉬운 소리를 해야만 하는 상대에게 잘해주는 것이 아니라 자기보다 부족하고 못난 사람, 사람 취급도 받지 못하던 종에게조차 잘하는 모습이 크게 다가왔습니다.

MAP 3. Personality

성숙한 인격을
함양하라

존경받는 사람들에게는 공통적인 특징이 있습니다. 바로 성숙한 인격의 소유자라는 사실입니다. 나는 이것을 가장 중요하게 생각합니다. 신뢰받는 리더가 되려면, 성숙한 인격은 기본입니다. 실력이 아무리 뛰어나도, 경험이 아무리 풍부해도, 다른 모든 것이 완벽해도 올바른 인격을 갖추지 못한 사람은 리더로 인정받기 어렵습니다. 인격을 갖추지 못한 사람이 리더가 되는 공동체는 긍정적인 성장을 기대하기 어렵습니다.

그런 의미에서, 세 번째 MAP 전략은 바로 "성숙한 인격의 소유자가 되어라"입니다. 나는 SUNY Korea 학생들이 성숙한 인격으로 성장한다면, 이미 교육의 80%가 이루어진 것이라고 생각합니다. 성숙한 인격을 갖춘 사람에게서 발견하는 몇 가지 특징이 있습니다.

첫째, 성숙한 인격을 갖춘 사람은 감사를 잊지 않습니다. 성숙한 사람은 늘 감사할 줄 압니다. 몸이 아픈 아내라도 귀한 아내가 있어서 감사하고, 좀 모자란 자식이라도 건강한 자식이 있어서 감사합니다.

크리스천이라면 감사를 잃지 않도록 노력해야 합니다. 선글라스를 쓰면, 렌즈 색깔에 따라 바깥세상을 보게 됩니다. 빨간 렌즈로 보면 빨갛게 보이고, 검은 렌즈로 보면 검게 보이듯 감사의 렌즈로 보면 모든 일이 감사로 다가옵니다.

감사를 잃으면, 하나님의 능력이 아닌 자기 능력으로 살게 됩니다. 자기 능력으로 사는 사람은 하나님께 대한 감사가 없습니다. 삶의 모든 것을 공급해 주시는 분께 감사해야 하는데, 자신이 공급자인 줄 아니까 감사가 없는 것입니다. 또한 감사를 잃은 사람은 모든 일에 만족할 줄 모릅니다. 늘 남들과 비교하고 원망하며 살아가게 됩니다. 남들이 보기엔 부러울 만큼 많은 것을 가졌음에도 불구하고, 매사 부족함을 느끼는 것입니다.

둘째, 성숙한 인격을 갖춘 사람은 배려할 줄 압니다. 가까이 지내는 가족 같은 장로 부부가 있습니다. 부부는 미국에서 사는데 그들이 한국을 찾을 때마다 참 많이 놀란다고 합니다. 미국에서는 몸이 불편한 노인이 지팡이를 짚고 가면, 앞서 문을 열어 주기도 하고 길을 가다가도 비켜 주기 마련인데, 한국에서는 그런 사람이 별로 없다는 것입니다. 나만 해도 미국에서 잠시 공부했고, 현재 미국 대학 캠퍼스의 총장이기에 몸이 불편한 사람이나 노인이나 여성과 마주치면, 먼저 문을 열어 주는 것이 습관이 되어 있습니다. 학교에서도 교직원이든 아니든 누가 오면 문을 잡아 주고 먼저 들어가도록 배려해 줍니다.

미국인들이 개인주의적이라고는 하지만, 공공 사회에는 서로 배려하는 문화가 배어 있습니다. 그런데 우리나라에서는 사람들이 아무 데서나 큰 소리로 전화를 받고, 공공 장소에서 자녀가 소란을 피워도 부모가 가만히 내버려 두는 모습을 흔히 볼 수 있습니다.

남을 배려하지 않는 사람들을 보면, 대개 자기 애와 자기 의가 강합니다. 자신을 대단한 존재로 여기는 착각에 빠져 있는 경우가 많습니다. 스스로 대단한 믿음의 소유자요 출중한 실력과 대단한 가문과 학벌을 갖춘 사람으로 미화합니다. 그리고 모든 것을 자기중심적으로 해석합니다. 자신을 우상화하는 모습을 흔히 볼 수 있습니다. 나는 저 사람과 다른 존재라는 선 긋기가 바로 자기 의에서 나오는 대표적인 행동입니다.

또한 남을 배려하지 않는 사람은 다른 사람을 존중하지 않고, 그들의 말을 경청하지 않습니다. 흔히 정치인들에게서 이런 면을 발견하곤 합니다. 남의 이야기, 특히 다른 사람의 의견은 전혀 들으려 하지 않고, 자기 얘기만 하는 것입니다. 서로 자신을 주인으로 생각하기 때문입니다. 공무원 사회의 부처 이기주의도 마찬가지입니다.

배려할 줄 모르는 사람은 용서할 줄 모르고, 너그럽게 대할 줄도 모릅니다. 믿음이 있는 사람이라면, 당연히 용서할 줄 알아야 합니다. 이것은 예수님이 주기도문을 통해서 우리에게 직접 당부하신 말씀입니다. "우리가 우리에게 죄지은 자를 사하여 준 것 같이 우리 죄를 사하여 주시옵고"(마 6:12)라는 구절에서 보듯, 주님께 용서받으려면 남을 용서해야 합니다. 크리스천은 인간이란 본래 실수와 실패를 거듭할 수밖에 없는 존재임을 아는 사람입니다. 그러니 몇 번이든, 어떤 일이든 용서를 베풀 수 있어야 합니다.

성경에는 예수님이 누군가를 칭찬해 주시는 장면이 많이 나옵니다. 백부장과 수로보니게 여인의 믿음을 칭찬해 주셨습니다. 그런데 남을 배려하지 않는 사람은 다른 사람을 칭찬하거나 격려할 줄 모릅니다. 격려는 배려의 출발입니다. 사람은 누구나 칭찬받고 격려받기를 원합니다. 칭찬과 격려가 사람에게 생명력을 공급해 주기 때문입니다. 또한 예수님이 본을 보여 주셨기에 우리도 다른 사람들을 칭찬하고 격려해 주어야 합니다.

셋째, 성숙한 인격을 갖춘 사람은 정직합니다. 올바른 인격을 갖춘 인재를 양성하기 위해 SUNY Korea가 가장 중요하게 생각하는 것이 정직입니다. 사람은 원래 정직하기가 쉽지 않다고 합니다. 어린아이들을 봐도 알 수 있습니다. 누가 거짓말을 가르치지 않아도 쉽게 배웁니다. 어른의 일상은 알게 모르게 저지르는 거짓과 도둑질로 얼룩져 있습니다.

옛날에 내가 근무하던 직장에서는 직원들이 출장 일수를 불려서 출장비를 빼돌리곤 했습니다. 누구나 으레 하는 통상적인 일이었습니다. 그것을 도둑질로 여기는 사람은 아무도 없었습니다. 그러나 내가 복음을 알고, 성령님과 인격적인 만남을 체험하고 나니, 정직함이 얼마나 고결한 것인지를 깨달았습니다. 정직이야말로 세상의 칼날로부터 자신을 지킬 수 있도록 하나님이 내려 주신 방패임을 깨달은 것입니다.

한번은 검찰청에 참고인 조사를 받으러 간 적이 있습니다. 당시 내가 근무하던 연구원에서 신기술을 개발하여 기업에 팔았는데, 반응이 아주 좋았습니다. 그런데 담당 연구원이 한 기업에 허위 기술을 팔았습니다. 그 사실이 발각되어 방송에도 보도되었습니다. 검찰은 기술의 진위 여부를 묻기 위해 나를 부른 것이었습니다.

사실, 그 직원은 기술을 사 간 회사와 동업 관계에 있었고, 내게도 아찔한 유혹이 없지 않았습니다. 문제가 된 기업체 대표가 나를 찾아와 백화점 상품권을 잔뜩 건네주기에 깜짝 놀라서 바로 돌려보냈던 적이 있습니다. "직원들에게 명절 선물로 나눠 주라"는 그의 말에 잠깐 망설이긴 했지만, 결국 정직에 관한 스스로의 다짐을 지키기 위해 돌려보냈던 것입니다. 검찰 조사를 받으면서, 그때 생각을 떠올리곤 혼자 진땀을 흘렸던 기억이 지금도 생생합니다. 그 일을 통해 정직은 반드시 안전과 신뢰를 가져다준다는 사실을 확실히 깨달았습니다.

어느 정도 지위와 경험이 있는 사람에게는 유혹이 따르기 마련입니다. 그러나 유혹을 이겨 내면, 돈으로 환산할 수 없는 견고한 신뢰를 대가로

받게 됩니다. 몇 푼의 금전적 유익보다 정직과 배려와 이타적인 선택을 함으로써 돌아오는 흔들리지 않는 신뢰가 주는 유익이 훨씬 더 크다는 사실을 학생들에게 가르치고 실천하게 한다면, 틀림없이 다음세대의 존경 받는 리더가 될 것입니다.

넷째, 성숙한 인격을 갖춘 사람은 책임감이 있습니다. 성숙한 사람은 책임질 줄 압니다. 책임이란 뜻의 영어 단어 responsibility를 보면, 두 개 단어가 합성된 것을 알 수 있습니다. 풀이하면, '반응(response)하는 능력(ability)'이란 뜻입니다. 인격이 성숙한 사람은 삶에서 부딪히는 모든 상황에 적극적이며 창조적으로 반응합니다. 공동체와 사회에서 일어나는 문제들에, 가정과 교회에서 맞닥뜨리는 문제들에 책임감 있게 반응합니다. 이렇듯 성숙한 인격의 소유자는 늘 감사할 줄 알며, 배려할 줄 알고, 정직하며 책임감이 있습니다.

학생들이 성숙한 인격으로 성장해 가도록 돕기 위해서는 두 가지 중요한 기둥이 필요합니다. 바로 논리적 사고(logical thinking)와 윤리적 사고(ethical thinking)입니다.

그런데 문제는 우리 교육이 논리적 사고를 가르치는 데 치우쳐 있다는 것입니다. 그래서 원칙과 잘못을 따지는 데 예민합니다. 윤리적 사고를 배우고 훈련하는 데 약하다 보니, 정직하게 선택하고 말하며 행동하는 것에 익숙하지 않습니다. 감사하다고 말하는 것에도 인색합니다. 책임지기를 꺼리며, 다른 사람을 배려하고 이타적으로 선택하는 것은 일부 특이한 사람들만이 하는 일로 여깁니다. 전문가 중에 그런 사람이 많습니다. 전문가뿐 아니라 기업가나 학자나 심지어 고위 공직자 중에도 경력이나 능력에 비해 인격적으로 성숙하지 못한 사람들이 꽤 많습니다.

전문 지식이 아무리 풍부하고, 사명감이 아무리 충만해도 성숙한 인격이 뒷받침해 주지 않는 리더십은 그 시대와 사회의 레드오션(Red Ocean)이 되고 맙니다. 즉 피를 흘릴 정도로 경쟁이 치열하다는 뜻입니다.

실제 레드오션에서는 갑자기 번식한 엄청난 수의 플랑크톤에 의해 물고기들이 질식사하거나, 독성을 가진 플랑크톤의 공격으로 물고기들이 죽기도 합니다. 이와 같이 인성과 인격이 부족한 리더십은 과다한 경쟁을 부추기고 함께 윈윈하지 못하며 서로가 서로를 죽이는 결과를 초래할 수 있습니다. 하지만 인성과 인격을 갖춘 성숙한 리더십은 그 시대와 사회의 블루오션(Blue Ocean)이 되고 더 나아가 그린오션(Green Ocean)이 됩니다.

블루오션에는 물고기가 살 수 없는 레드오션과 달리 물고기가 살 수 있지만 그 속이 투명하지 않습니다. 하지만 그린오션은 맑고 투명하며 물고기와 생물들을 살리는 건강한 생명력이 넘칩니다. 훌륭한 인격과 인성을 갖춘 성숙한 리더십은 그린오션과 같이 아름답고 건강한 생명력이 넘쳐서 죽어가는 사람들을 살리고 점점 더 어그러져가는 세상을 치유합니다.

MAP 리더십을
완성하는 키,

영성

나는 평소 학생들에게 MAP, 즉 사명과 실력과 인격, 이 세 가지를 강
조하여 가르치지만, 신앙이 있는 학생에게는 S를 더해서 MAPS를 가르
칩니다. S는 영성(spirituality)을 가리킵니다. 영성의 핵심은 두말할 것도
없이 24시간 하나님과 동행하며 주님만을 바라는 삶의 태도입니다.

"사회생활 하는 사람에게 영성을 요구하는 게 맞는 일일까?" 하는 생
각을 상당히 오랫동안 해 왔습니다. 나만 해도 눈앞에서 사건들이 정신
없이 터지는데, 과연 매 순간 하나님과 동행할 수 있을지 가늠할 수 없

었습니다. '필요할 때마다 기도하면 되지 않을까' 하고 생각했습니다. 그러자 한순간도 기도하지 않으면 안 될 만큼 사건들이 계속해서 터졌습니다. 어쩔 수 없이 숨 쉬는 모든 순간, 눈을 떠서 눈을 감을 때까지 내내 주님을 바라보지 않고서는 학교가 돌아가지 않을 지경이 되었습니다.

하는 수 없이 주님께 모든 것을 맡겨 드렸습니다. 어차피 처음부터 주님이 시작하신 일인데, 필요할 때만 주님을 찾겠다는 건 말이 안 된다는 생각에 이른 것입니다. 매일 아침 주님의 임재를 깊이 느끼기 위해 기도와 말씀 묵상을 계속했습니다.

그러자 신기한 일이 일어났습니다. 아무리 바쁘고, 아무리 급한 일이 생겨도 그 시간만큼은 천지가 잠든 듯 고요해졌습니다. 마치 광야에서 외치던 세례 요한에게 하셨던 것처럼, 지붕 꼭대기에 올라가 하늘로 난 창문을 열고 기도하던 다니엘에게 하셨던 것처럼, 그리고 사람들을 피해 홀로 동산에 오르신 예수님에게 하셨던 것처럼, 주님이 나를 만나 주셨습니다. 오직 주님 한 분만이 내 곁에 계신 듯했습니다.

지금도 나는 매일 아침 남들보다 한 시간 일찍 출근해서 홀로 조용히 말씀을 묵상하고 기도하는 시간을 갖습니다. 그 시간만큼은 세상에 하나님과 나, 단둘뿐입니다. 그 시간 덕분에 하루 종일 주님과 동행할 수 있었고, 내 모든 의식과 결정과 선택과 들음과 말함 속에 주님이 동행하시게 되었습니다. 주님은 내 앞에 놓인 현안들은 물론 내가 미처 생각하지도 못했던 일들까지, 심지어 예기치 않은 만남까지도 앞서 준비하며 내 발걸음을 인도해 주셨습니다.

사람들의 눈에는 내가 앞서가고 있는 것처럼 보일지 모르지만, 실은 앞서가시는 하나님을 어린아이처럼 따라가고 있을 뿐입니다. 이것이 바로 믿음 있는 리더의 감춰진 진짜 모습입니다.

성경의 리더들 중 사울과 다윗은 대조적인 삶을 살았던 것으로 유명합니다. 한 사람은 실패한 삶을, 다른 한 사람은 성공한 삶을 전형적으로 보여 주었습니다. 백성들은 사울 왕보다 왕에게 추방되어 주변 나라들을 전전하는 떠돌이 다윗을 더 추종했습니다. 그 이유가 무엇일까요?

다윗은 왕이 되기까지 13년간 혹독한 훈련 과정을 겪었습니다. 바로 이 점이 사울과 다윗의 큰 차이점입니다. 사울은 하루아침에 왕이 되었지만, 다윗은 수년간 온갖 위험과 고통을 겪었습니다. 또한 사울이 전형적인 국내 리더십이었던 반면에, 다윗은 사울을 피해 주변국을 떠돌면서 글로벌 리더십으로 성장했습니다.

다윗이 엔게디 광야에 숨어 있을 때, 그를 따랐던 400명의 추종자들은 훈련되지 않은 다문화 출신의 유랑민이었습니다. 그가 평생 가까이 지냈던 엔게디의 병사들은 그야말로 다국적 팀이었던 것입니다. 하나님은 유대 변방의 양치기 소년 다윗을 이웃 나라와 강력한 네트워크를 형성한 글로벌 리더로 성장시키셨습니다. 떠돌이 리더 다윗으로 하여금 왕보다 더 강력한 리더십으로 유대인뿐 아니라 주변 나라 사람들의 존경을 받게 하셨습니다. 다윗이 특별한 글로벌 리더십을 갖게 된 것은 MAPS라는 네 가지 요소를 갖추었기 때문입니다.

첫째, Mission(사명). 다윗은 왕이 아니면서도 왕의 마음을 품었습니다. 자신의 사명이 분명했던 것입니다. 열일곱 살 때, 사무엘에게서 기름 부음을 받은 뒤로 평화로운 양치기 소년의 일상은 날아갔습니다. 하루도 편할 날이 없었습니다. 사울 왕의 질투 때문에 살해 위협을 받으면서 도망 다니는 신세가 되었습니다. 하지만 그는 더 이상 평범한 양치기가 아니었습니다. 한 나라의 왕이 되리라는 사명을 따라갔습니다.

다윗은 블레셋 사람들에게 시달리는 연약한 백성들을 몇 번이나 구해 주었습니다. 자기 시대가 안고 있는 문제, 즉 백성이 겪고 있는 어려움을 외면하지 않았던 것입니다. 더구나 그는 사울에게 쫓기는 신세였습니다. 하지만 자기 안위보다도 외적의 노략질에 시달리는 백성들을 먼저 걱정했습니다. 다윗은 왕이 되기도 전에 이미 사명자로서 왕의 마음가짐으로 백성들을 돌보고 있었습니다. 다윗을 향한 백성들의 신망이 높아진 것은 너무도 당연한 일입니다.

둘째, Ability(실력). 다윗은 아버지의 양을 지키던 목동이었습니다. 자기에게 맡겨진 양을 지키기 위해 그는 최선을 다했습니다. 이처럼 자기에게 맡겨진 임무를 열심히 하고 잘 해낼 수 있는 것이 실력입니다. 다윗은 매일 물맷돌 던지는 연습과 양들을 맹수의 위협으로부터 지키고 보호할 수 있는 훈련을 했습니다. 사무엘상 17장에 보면 다윗이 양을 지킬 때 사자와 곰이 양 새끼를 물어 가면 끝까지 쫓아가서 그 맹수의 입에서 양을 구해낼 정도로 용기와 실력을 갖추고 있었습니다. 그랬기 때문에 골리앗이 이스라엘 군대를 조롱하고 하나님의 이름을 모욕할 때 사울 왕을 비롯해서 이스라엘 군사들은 모두 무서워서 떨고 있는데, 평소에 실력을 갖추고 있던 어린 다윗은 용감하게 하나님의 이름으로 달려 나가 골리앗을 한방에 쓰러뜨릴 수 있었던 것입니다. 하나님이 함께하셔서 다윗이 승리한 것이지만, 들여다보면 다윗이 평소에 맡은 바 책임을 다하는 훈련을 통해 실력을 쌓아 두었기에 가능한 일이었습니다. 다윗은 어떠한 전쟁에도 하나님을 의지하며 나아가 수많은 적군과 싸워 이길 수 있었습니다. 그래서 다윗은 이스라엘 백성들로부터 "사울은 천천이요 다윗은 만만"이라는 당대의 왕보다 더 높은 칭송을 받을 수 있었습니다.

셋째, Personality(인격). 다윗은 인격적으로도 성숙했습니다. 그의 인기가 높아져 갈수록 사울의 질투도 더욱 깊어져 갔습니다. 결국 사울은 다윗을 죽이기 위해 직접 병사들을 이끌고 그를 추격했습니다. 하지만 다윗은 사울을 죽일 기회가 두 번이나 있었음에도, 하나님의 기름 부음 받은 왕에게 관용을 베풀어 그를 살려 보냈습니다. 성숙한 인격을 보여 준 것입니다.

마지막, Spirituality(영성). 그를 진정한 시대의 영웅으로 만든 결정적인 요인은, 바로 누구보다도 성숙했던 영성에 있습니다. 그는 언제나 하나님을 가장 두려워하며, 하나님을 찬양하고 하나님과 모든 것을 소통하는 사람이었습니다. 그는 수많은 전쟁을 치른 백전노장으로 용맹하며 지혜로운 사람이었으나, 늘 하나님께 묻고 하나님의 마음을 살피는 사람이기도 했습니다.

그런 그의 삶을 가장 잘 보여 주는 것이 바로 언약궤 사건입니다. 그는 다윗 성을 완성한 뒤에 하나님의 궤를 성으로 모셔 오기를 소원했습니다. 하지만 수레에 실어 운반하는 도중에 사고가 나자 두려움에 떨며 그 일을 중단했습니다. 아무리 가져오고 싶어도, 하나님이 원하시는 일이 아니라면 하지 않겠다는 뜻이었습니다.

또한 그는 백성과 하나님 앞에서 잘못을 인정하고 자복하는 사람이었습니다. 밧세바와의 일로 하나님이 진노하셨을 때, 그는 자기 입으로 죄를 시인하고 자복했습니다. 그뿐 아니라 밧세바 사건으로 하나님께 혹독한 연단을 받고 난 뒤에도, 죄로 인해 벌 받은 것을 부끄러워하기보다 진정한 회개를 통해 용서를 베풀어 주시는 주님을 기뻐했습니다. 또 주님의 판단은 언제나 옳으시며, 자신은 부끄러운 죄인에 불과하다고 고백했습니다.

리더에게 영성이란, 사명과 실력과 인격을 더욱 풍성히 발휘하게 만들어 주는 윤활유와도 같습니다. 또한 영성은 은사와 재능을 발휘하게 하는 불꽃이기도 합니다. 다윗은 역사상 어떤 리더보다도 영성이 깊은 사람이었고, 탁월한 영성으로 성경은 물론 인류사에서도 손꼽히는 위대한 리더십의 모범이 되었습니다.

미래의 리더는
'내가 아닌 우리'다

코앞에 닥친 4차 산업혁명시대를 바라보면서 떠올리는 것이 있습니다. 바로 책의 서두에서 언급한 바 있는 우리나라 교육법입니다. 법에 담긴 시대적 혜안을 발견한 것은 이미 오래전이지만, 특별히 4차 산업혁명시대의 교육을 준비하면서 다시금 그 안에 담긴 통찰력을 살펴보니 감탄하지 않을 수 없습니다.

교육법이 만들어진 것은 1949년입니다. 제1조에 교육의 이념을 밝혀 놓았는데, 바로 '홍익인간을 키워 내는 것'입니다. 국민소득이 100달러도 되지 않았던 그때에, 나와 내 가족이 먹고살기도 빠듯했던 그 시절에, 선각자들은 자신은 물론 시대를 고민함으로써 평화롭게 공존하며 발전해 가는 홍익인간을 길러 내는 교육을 꿈꾸었습니다. 오늘날 우리가 마주하고 있는 4차 산업혁명시대를 미리 내다본 듯한 놀라운 통찰력이 아닐 수 없습니다.

우리나라 교육법이 중요하게 생각하는 네 가지 교육 목적이 있습니다. 첫째가 인성 교육입니다. 모든 국민의 인격을 성숙하게 완성하는 것이 목표입니다. 둘째가 사회 구성원으로서 독립적으로 살아갈 수 있는 자질을 향상하는 것입니다. 셋째는 국가 발전에 봉사하는 것이며, 넷째가 인류 공영에 이바지하는 사람을 키워 내는 것입니다.

1949년 당시는 물론이고, 지금도 전 세계 어느 나라 교육법에서도 찾아보기 힘든, 위대한 꿈입니다. 선각자들은 그때부터 이미 원대한 꿈을 품었고, 우리에게 위대한 교육의 소명을 물려주었습니다. 그럼에도 불구하고 4차 산업혁명시대가 오기까지, 우리 교육은 홍익인간을 키워 내는 것과는 정반대 방향으로 달려왔던 것입니다.

나의 어린 시절을 돌아보면 비록 배는 고팠지만 행복했습니다. 사는 모습은 지금과 비교할 수 없을 정도로 낙후되고 가난했지만 동네와 마을마다 '우리'라는 공동체 의식이 있어서 인심 좋고 사람들 간에 따뜻한 정이 있었습니다. 그러나 지금은 눈부신 경제 발전에도 불구하고 사는 게 더 힘들고 팍팍해졌습니다. 경쟁이 점점 더 심해지다보니 서로에게 더 거칠어지고 나 밖에 모르는 개인주의가 심해졌으며, 손해 보고는 못사는 세상이 되면서 행복감도 잃어버리게 되었습니다. 경제적으로는 더 부유해지고 잘살게 되었는데도 말입니다.

우리나라는 한때 '내'가 아닌 '우리', 즉 이웃과 나라를 먼저 생각하며 위기를 극복했던 때가 있습니다. 바로 1997년 IMF 외환위기 때입니다. 나라가 위기에 처하자 국민들은 자기를 희생하며 기업과 이웃과 나라를 위해 '금 모으기 운동'에 동참했습니다. '우리'를 먼저 생각하는 의식이 우리나라의 기초를 만들었고, 큰 경제 위기를 빠른 기간에 극복하는 원동력이 되었습니다.

그런데 현재 우리나라의 모습은 다시 '나'라는 테두리에 갇혀서 자기만 생각하고 자기 이익만 추구하며 살고 있습니다. 그러다보니 또 다시 많은 갈등과 불의와 다툼이 일어나며 여러 사회적인 문제들이 일어나게 되었습니다. 윤택해진 경제에 비해 서로에 대한 배려나 따뜻한 인심은 찾아보기 어렵습니다.

기업의 노사관계를 보더라도 각각 자신들의 이익만 추구하고 주장합니다. 노조는 기업이 있어야 노동자가 존재하는걸 알면서도 기업을 위해 희생하려는 마음보다 자신을 우선시 하려고 합니다. 정작 주위의 더 가난하고 소외된 사람들은 그 대상에서 빠질 수 있습니다. 마찬가지로 기업가들도 주주와 기업을 위해 열심히 일하는 노동자를 먼저 생각하기보다 기업가 개인의 부와 사리사욕을 우선적으로 생각하고 추구하는 것을 봅니다. 그런 이유로 몇몇 재벌 기업들은 사회적 지탄을 받기도 합니다. 결국 노사갈등의 원인은 노조와 기업가 둘 다 자신의 이익만을 추구했기 때문입니다.

이 시대의 많은 문제들을 해결하려면 금 모으기 운동처럼 나 중심에서 벗어나 이웃과 나라를 먼저 생각해야 합니다. '내가 아닌 우리'를 생각하고 내 유익만이 아닌 더 많은 사람의 유익을 구하는 리더가 이 시대가 안고 있는 문제를 해결하고 행복한 세상을 만들 수 있습니다.

앞으로의 시대는 홍익인간이 되지 않으면, 행복을 자신할 수 없는 시대가 될 것입니다. 남의 유익을 구해야 내 행복을 지킬 수 있고, 옆집의 불행을 함께 고민하고 해결하는 것이 내 삶의 중요한 이유가 되어야 하는 시대가 온 것입니다. 즉 미래의 리더는 훌륭한 인성을 가지고 자기 자신보다는 남의 유익을 구하는 자여야 합니다. 그래야 시대의 아픔과 고통을 함께 해결할 수 있고, 인류 공동체의 행복과 평화를 가져올 수 있습니다.

바로 이런 이유로 하나님이 내게 이 땅에 SUNY Korea를 세우도록 허락하셨고, 우리나라 교육법 제1조와 고린도전서 10장 33절로 돌아가 "남의 유익을 구하는" 4차 산업혁명시대의 리더를 길러 내는 교육을 하게 하셨다고 확신합니다.

그래서 나는 남을 유익하게 하고 세상을 이롭게 할 실력과 인성을 갖춘 글로벌 리더들을 키우는 데 전념했습니다. 먼저, 학생들의 심도 있는 인성 교육을 위한 RC, 즉 기숙사 프로그램을 더욱 강화했습니다. 지난 몇 년간의 경험을 바탕으로, 이 시대를 살아갈 정직하고 성실한 사람, 더 나아가 먼저 희생함으로써 협력과 단합을 이끌어 내는 이타적인 팀워크를 만들어 낼 인재를 키우는 데 치열한 노력을 기울이고 있습니다.

강의실에서도 혁신적인 변화가 시작됐습니다. 창의력 교육의 일환이자 자기주도 학습의 하나로 실시하고 있는 거꾸로 수업(Flipped Learning)이 그중 하나입니다. 거꾸로 수업은 일방적으로 교수의 강의를 듣는 것이 아니라 교과 내용을 동영상으로 만들어 수업 전에 학생들에게 미리 보여 줍니다. 그리고 수업 시간에는 학생들과 교수가 서로 질문과 토론을 하면서 같이 문제 해결 능력을 키우며 창의적으로 관련 지식과 정보를 탄탄히 쌓아가게 하는 수업 방식입니다.

학생들은 팀 프로젝트를 통해 자신이 할 수 있는 것을 증명해 내야 합니다. 나만의 미래가 아닌 모두의 미래를 위해 고민하고 협력하며 새로운 것을 창조하는 능력을 점검받는 것입니다.

거꾸로 수업은 현재 SUNY Korea 대부분의 수업에 적용, 실시되고 있습니다. 세계적인 학자인 제임스 라슨(James Larson) 교수를 중심으로 교수들이 격주로 다양한 수업 방식과 창의적이고 효과적인 교수법에 대한 연구와 세미나를 하고 있습니다.

SUNY Korea가 중요하게 생각하는 또 한 가지는 평생 학습입니다. 4차 산업혁명시대의 중요한 키워드가 바로 평생 학습입니다. 왜냐하면, 인류의 평균 수명이 점점 늘어나고 있기 때문입니다.

지금 대학을 다니는 학생들의 평균 수명은 약 120세 정도가 될 것으로 예측합니다. 그들 세대에는 60세에 정년퇴직하는 공무원이란 직업은 더 이상 철밥통이 아닙니다. 그로부터 수십 년을 더 살아갈 수 있는 직업을 가져야 행복한 삶을 살 수 있습니다. 평생 한 가지 직업으로는 살 수 없는 시대가 오고 있습니다. 다양한 경험을 바탕으로 다음 단계의 진화된 직업을 찾아야 합니다. 그래야 길어진 수명을 잘 살아 낼 수 있습니다. 평생 일과 공부를 병행하면서 끝없이 변화하는 미래를 준비해 나가야 하는 시대가 된 것입니다.

평생 학습이 가능해지려면, 몇 가지 조건이 충족되어야 합니다. 최소한 SUNY Korea는 학생들이 평생 학습을 통해 평균 수명 120세 시대를 준비해 나갈 수 있도록 돕고 있습니다. "내가 좋아하는 것, 내가 잘하는 것, 내게 가치 있는 것"은 확실히 알아야 평생 싫증 내지 않고 공부할 수 있습니다.

나는 우리 학교에 자녀를 보낸 학부모들에게 "자녀 개인의 성공과 출세를 위한 교육은 하지 않겠다"고 선언한 바 있습니다. 오히려 시대의 문제를 자기 문제로 바라볼 수 있는 사람, 많은 사람의 유익을 구할 수 있는 사람, 자기를 희생해서라도 함께 행복해지는 삶을 선택할 수 있는 사람을 길러 내겠다고 천명했습니다. 그래야만 4차 산업혁명시대를 이끌 리더가 될 것이기 때문입니다.

이를 위해, 학생의 적성과 기질에 맞는 이상적인 분야가 무엇인지를 함께 고민함으로써 학생 자신이 주도적으로 평생 공부하고 성장하며, 자신은 물론 이웃과 사회, 나아가 국가와 인류 사회에 기여하는 리더가 되도록 최선을 다해 돕고 있습니다.

남을
유익하게 하는

멋진 인생

어떤 인생이
멋진 인생인가?

    나는 가치 있는 삶을 사는 것이 멋진 인생이라고 생각합니다. 가치 있는 삶을 살기 위해서는 먼저 우리 삶이 사람들에게 선한 영향을 끼치는 인생이어야 합니다. 기본적으로 가정에서 부모와 배우자와 자녀에게 선한 영향력을 끼칠 수 있어야 합니다. 또 직장에 다니면 직장에서, 학교에 다니면 학교에서 함께하는 사람들에게 선한 영향력을 끼칠 수 있어야 합니다.

    창세기에 보면 아브라함은 가나안 땅에 거주하고 롯은 아브라함을 떠나 소돔과 고모라로 이주해서 살게 됩니다. 그런데 소돔과 고모라에 죄

악이 가득하여 하나님이 그 성을 멸망하려고 하실 때, 아브라함이 하나님께 의인을 악인과 함께 멸하시면 어떡하시냐고 하자 하나님이 그 성중에 의인 열 명만 있으면 멸하지 않겠다고 약속하십니다. 하지만 결과는 어떻습니까? 소돔과 고모라 성이 유황과 불에 멸망하고 맙니다. 이것은 무엇을 의미합니까? 그동안 롯이 그 지역에 살면서 이웃들에게 선한 영향력을 끼치지 못했다는 의미입니다. 롯이 주위 사람들에게 선한 영향력을 끼쳐서 그 지역에 의인 열 명만 있었더라도, 그 성은 멸망하지 않았을 것입니다.

그 다음으로 가치 있는 삶을 살기 위해서는 바른 삶의 목적을 가지고 사는 인생이어야 합니다. 성경은 자기만을 위해 살고, 자기 맘대로 사는 것이 죄라고 합니다. 그러므로 우리는 내가 살고 싶은 대로 사는 것이 아니라 나를 필요로 하는 곳에서 더 많은 사람을 유익하게 하는 삶을 살겠다는 삶의 자세와 목적이 있어야 합니다. 어떤 일에 목숨 걸고 하긴 하는데 그 일이 컴퓨터 게임에서 이기는 것이라면 그것은 진정한 삶의 목적이 될 수 없을 것입니다. 나는 SUNY Korea 학생들이 자신의 진정한 삶의 목적을 찾고 졸업 후 세상과 다음세대에 귀중한 가치를 많이 남기고 공헌하는 인재가 되기를 바라고 있습니다.

이러한 가치 있는 삶, 멋진 인생을 살기 위해 필요한 삶의 자세가 있습니다. 빌립보서 3장 17절에 보면 사도 바울이 "너희는 함께 나를 본받으라"고 얘기합니다. 그렇습니다. 크리스천은 믿지 않는 사람들에게까지도 "나를 본받으라"고 자신 있게 얘기할 수 있어야 합니다. 그런데 오늘날 많은 크리스천 중에 이렇게 얘기할 수 있는 사람이 과연 얼마나 있을까요? 솔직히 나도 아직은 부족한 게 많아서 다른 사람한테 나를 본받으라고 얘기할 자신이 없습니다. 그러나 최소한 사도 바울처럼 본이 되는 삶을 살려고 날마다 애쓰며 노력하고 있습니다.

내가 존경하는 인물 중에 대만 플라스틱그룹 포모사를 세운 고 왕융칭(王永慶) 회장이 있습니다. 왕 회장은 초등학교 때 책가방과 신발도 못 살 정도로 가난해서 학교를 맨발로 다녔다고 합니다. 그는 초등학교를 졸업한 뒤 더 이상 학업을 잇지 못하고, 16세 때 아버지로부터 약간의 돈을 빌려 쌀가게를 시작했습니다. 처음엔 손님이 너무 없자 왕 회장은 어떻게 하면 손님을 오게 할 수 있을까를 며칠 고민하다가 당시로서는 획기적이면서도 차별적인 서비스를 시작하게 되었습니다.

예를 들어, 쌀에서 돌과 이물질을 깨끗이 골라내어 쌀의 질을 높였고, 쌀이 무거우니까 손님 집까지 직접 배달해 주었습니다. 쌀독이 지저분하면 깨끗이 청소해 주었고, 쌀을 부을 때도 쌀독 바닥에 있던 기존의 쌀을 먼저 퍼내고 새 쌀을 부은 뒤 그 위에 기존 쌀을 부어 주었습니다. 또 가난한 집부터 먼저 쌀을 배달해 주었고 돈은 나중에 갚도록 배려했다고 합니다.

이렇게 자신의 유익이 아닌 남들의 유익을 위해 열심히 섬기며 일하다 보니까 입소문이 나면서 손님들이 몰리기 시작했습니다. 그렇게 자수성가한 왕 회장은 나중에 대만 플라스틱그룹을 세웠는데, 이 그룹은 9개 업체에 직원 수만 7만 명에 이르고 그의 개인 재산은 무려 약 68억 달러에 달해 대만에서 두 번째로 큰 부자가 되었습니다.

더 감동적인 것은 왕 회장이 임종을 앞두고 자녀들에게 이러한 유서를 남겼다고 합니다.

"자녀들아! 인생의 가장 큰 보람은 사회에 공헌하는 것과 사람들이 더 나은 삶을 살도록 돕는 것이다. 나는 내 재산을 모두 사회에 기부해서 사회 발전과 복지에 기여하려고 한다. 너희들이 충분히 이해해 주고 동의해 주길 바란다."

왕 회장은 마지막 때에도 내가 아닌 남을 생각하고 다른 사람들의 유익을 구했던, 세상의 본이 되는 멋진 인생을 살았던 분입니다.

1999년 2월 11일, 미국 LA에서 홍정복이라는 한인 여성의 장례식이 있었습니다. 53세에 무장 강도의 총격으로 숨졌으니 불행한 죽음이라고 할 수 있습니다. 게다가 세상은 생전에 그녀를 보잘것없는 사람으로 생각했습니다. 하지만 그녀는 죽음으로써 누구보다도 강력한 영향력을 끼쳤습니다. 미국 YWCA가 그녀의 죽음을 기리며 인종화합상을 수여했습니다. 많은 미국인이 홍정복이라는 그녀의 이름을 기억하게 되었습니다.

홍정복 씨는 LA에서도 가난한 흑인들이 모여 사는 동네에서 15년간 작은 가게를 운영했습니다. 우유 살 돈, 기저귀 살 돈이 없는 아기 엄마들에게 물건을 거저 주기도 했고, 술을 훔쳐 달아나는 술주정뱅이들을 신고하지도 않은 채 그들과 함께 부대끼며 살았습니다. 주민들은 그녀를 '마마'로 불렀습니다. 1992년 소위 'LA 폭동'이 일어났을 때 흑인들이 주로 한인들을 대상으로 약탈하고 방화를 벌이는 중에도 홍정복 씨만큼은 흑인 이웃들의 보호로 자신과 가게를 지킬 수 있었습니다.

그러나 1999년 2월 3일, 홍정복 씨는 자신의 가게 앞에서 히스패닉계 무장 강도의 총에 살해되고 말았습니다. 소식이 알려지자 흑인 주민들이 갖다 놓은 꽃다발, 촛불, 성경책, 편지 등이 가게 앞에 산더미처럼 쌓였습니다. 심지어 동네 갱단이 "마마, 우리가 살인자를 찾아 대가를 치르게 할게요"라고 쓴 쪽지도 있었습니다. 시민들의 요청으로 장례식은 지역사회장으로 치러졌고, 식장에는 지역 주민들은 물론 LA 주류사회 인사와 언론 취재진까지 몰려 주차할 곳이 없을 정도였습니다.

살면서 세상에서 큰 관심을 받아 본 적 없던 여인이, 평소 이웃에게 베풀었던 작은 배려와 희생 덕분에 인종 화합을 상징하는 사랑의 빛이 되었습니다. 사랑의 연료는 언제나 희생의 점화를 통해 빛으로 변하기 때문입니다.

내 안에 사랑의 연료가 충만할지라도 희생을 통해 나누지 않는다면, 영원히 빛을 발할 수 없을 것입니다. 예수님은 주인에게서 받은 한 달란트를 땅에 묻어 두었던 종을 가리켜 "악하고 게으른 종"이라고 하셨습니다. 우리는 이웃과 얼마나 나누며 살아갑니까? 이웃의 어려움을 돌아본 적이 있습니까? 아주 작은 행동으로라도 사랑의 빛을 발한 적이 있습니까?

하나님은 자기 백성에게 사랑이라는 달란트를 주셨습니다. 풍성하게 주신 사랑의 연료를 제대로 사용할 때, 비로소 우리는 세상 가운데 빛으로 살아갈 수 있습니다.

자기 일
vs
예수의 일

우리가 사는 이 시대는 수많은 문제를 안고 있습니다. 많은 사람이 경제적으로, 사회적으로, 영적으로 크나큰 문제들에 둘러싸여 있느라 진정한 행복이 무엇인지 모른 채 살아갑니다. 이 시대 젊은이들은 꿈과 희망을 잃어버린 것만 같습니다. 도대체 어쩌다가 이런 세상에서 살게 되었을까요? 모든 문제의 원인이 무엇일까요?

사도 바울의 서신을 통해 그 원인 및 결과와 치료 방법을 찾아보겠습니다. 빌립보서에 보면 사도 바울이 빌립보 교인들을 위해서 디모데를 보내기 원한다는 내용이 실려 있습니다.

> [19]내가 디모데를 속히 너희에게 보내기를 주 안에서 바람은 너희의
> 사정을 앎으로 안위를 받으려 함이니 [20]이는 뜻을 같이하여 너희 사
> 정을 진실히 생각할 자가 이밖에 내게 없음이라 **빌립보서 2:19~20**

디모데야말로 빌립보 교인들과 뜻을 같이하며 그들의 사정을 신실히 생각할 사람이라고 밝힌 뒤에 아주 중요한 말을 합니다.

> 그들이 다 자기 일을 구하고 그리스도 예수의 일을 구하지 아니하되
> **빌립보서 2:21**

여기서 상반된 두 가지 일이 등장합니다. 하나는 자기 일이고, 또 하나는 그리스도 예수의 일입니다. 이 말씀을 영어 성경(NIV)으로 읽으면 다음과 같습니다.

"For everyone looks out for his own interests, not those of Jesus Christ."(모두가 자기 자신의 관심과 유익만을 생각하고 예수 그리스도의 관심과 유익은 생각하지 않는다.)

즉 디모데를 뺀 다른 모든 사람(everyone)이 자기 일(his own interests)을 구했다고 말합니다. '일'로 번역된 'interest'에는 '관심, 이익 또는 유익'이란 뜻도 있습니다. 다시 말해서, 디모데만이 예수님의 일을 구할 사람

이며, 예수님을 믿는다는 많은 크리스천이 예수님이 기뻐하시는 일이 아닌 자기 자신의 유익만 구하고 있다는 것입니다. 나는 이 시대 모든 문제의 원인이 바로 여기에 있다고 생각합니다.

사람들이 자기 유익만을 구하기 때문에 이 세상의 수많은 문제들이 발생하는 것입니다. 함께 누려야 할 자연 환경은 더욱 파괴되어 가고, 자기를 우선시하는 개인주의와 이기주의가 팽배해지고, 비교와 경쟁이 더욱 심해져 세상이 각박해졌습니다. 이미 많은 것을 갖고 있으면서도 사람들은 끝없는 욕심으로 만족하지 못하고 다툼과 갈등이 끊이질 않고 있습니다.

빌립보서 2장 3절에서는 "자기보다 남을 낫게 여기라"는 말씀이 나오는데, 이 말씀을 4절에서는 "각각 자기 일을 돌볼 뿐더러 또한 각각 다른 사람들의 일을 돌보라"라고 풀어내고 있습니다. 그런데 최근 개정된 영어성경(NIV, 2011년 버전)에는 이 말씀이 "Not looking to your own interests but each of you to the interests of the others(자기 자신의 유익을 구하기보다는 다른 사람들의 유익을 구하라)"라고 되어 있습니다. 그렇습니다. 사도 바울은 자기의 유익만을 구하며 사는 것은 자기 일을 하는 것이고, 많은 다른 사람의 유익을 구하며 사는 것이 예수의 일을 하는 것이라고 말합니다. 사도 바울은 빌립보서 3장에서 자기 일에 관해 다시 한번 설명합니다.

[18]내가 여러 번 너희에게 말하였거니와 이제도 눈물을 흘리며 말하

노니 여러 사람들이 그리스도의 십자가의 원수로 행하느니라 [19]그들
의 마침은 멸망이요 그들의 신은 배요 그 영광은 그들의 부끄러움에
있고 땅의 일을 생각하는 자라 **빌립보서 3:18~19**

사도 바울이 빌립보서 2장에서 언급했던 '자기 일'을 3장에서는 '땅의
일'이라고 표현하고 있습니다. 그리고 그들의 신은 배요 땅의 일을 생각
하는 자의 영광은 그들의 부끄러움에 있다고 말합니다. 여기서 '신은 배'
를 영어 성경(NIV)으로 읽으면 'their god is their stomach'입니다. 이를
직역하면 '그들의 신은 그들의 위장'이라는 말이고, 의역하면 '그들은 자
신의 배를 채우기 위해 먹고 마시고 즐기는 것만 생각하고 욕심과 탐욕
을 신처럼 숭배한다'는 것입니다. 그러므로 이 땅에서 잘 먹고 잘사는 데
만 관심이 있는 사람은 땅의 일만 생각하는 사람입니다. 사도 바울은 이
렇게 사는 것은 '십자가의 원수'로 행하는 것이고 이들의 인생은 결국 멸
망이라고 얘기합니다.

사람들은 살아가면서 자기 일과 예수의 일, 둘 중의 하나를 선택하며
살아갑니다. 크리스천임에도 다른 사람의 유익을 추구하기보다 자신의
유익만을 추구하며 사는 사람들이 많습니다. 이런 크리스천은 구별된 삶
을 사는 것이 아니라, 세상 사람과 똑같이 사는 것입니다. 말로는 크리스
천이라고 하면서도 실제 삶은 십자가의 원수로 살고 있는 것입니다.

고린도전서 10장에서 사도 바울은 삶의 존재 이유와 목적에 대해 얘기
하고 있는데 이 말씀은 내 삶의 철학이자 교육철학이기도 합니다.

³¹그런즉 너희가 먹든지 마시든지 무엇을 하든지 다 하나님의 영광을 위하여 하라 ³²유대인에게나 헬라인에게나 하나님의 교회에나 거치는 자가 되지 말고 ³³나와 같이 모든 일에 모든 사람을 기쁘게 하여 자신의 유익을 구하지 아니하고 많은 사람의 유익을 구하여 그들로 구원을 받게 하라 <u>고린도전서 10:31~33</u>

고린도전서 10장 31절에 보면 "무엇을 하든지 다 하나님의 영광을 위하여 하라"는 말씀이 나옵니다. 이는 우리 인생의 큰 틀에서 하나님께 영광 돌리는 것이 우리의 존재 이유와 목적이 됨을 말하는 것입니다. 그런데 하나님께 영광 돌리는 삶이 구체적으로 무슨 뜻이냐고 물어보면 많은 사람들이 답변을 못합니다. 이 말이 너무 크게 생각되고, 어렵게 느껴지고, 또 추상적으로만 생각되기 때문입니다. 하나님께 영광 돌리는 삶이 무엇인지는 고린도전서 10장 33절에서 설명하고 있습니다. 즉 하나님께 영광 돌리는 삶은 자신의 유익을 구하지 않고 많은 사람의 유익을 구하는 것이라고 말합니다. 왜일까요? 그들로 하여금 구원을 받게 하기 위해서입니다.

우리의 삶은 둘 중 하나입니다. 자기 일을 하는 삶이거나 예수의 일을 하는 삶입니다. 자기 일을 하는 사람은 자기 유익을 구하며 사는 것이고, 예수님의 일을 하는 사람은 많은 사람의 유익을 구하며 사는 것입니다.

마음속에 이런 의문이 들 수 있습니다.

"내 유익만을 구하며 살기도 힘든데, 어떻게 많은 사람의 유익을 구하며 살 수 있을까? 목사나 선교사라면 모를까, 평신도가 어떻게 그런 삶을 살 수 있나?"

몇 가지 예를 드는 것으로 답을 대신하겠습니다. 강남에서 식당을 운영하는 지인이 있습니다. 그는 손님들로부터 맛있게 식사했다는 감사 인사를 들을 때 가장 행복하다고 말합니다. 경영 노하우가 따로 없습니다. 최상의 맛과 건강을 제공하기 위해 고기, 생선, 채소 등 모든 재료를 대한민국에서 최고만 구해 쓰고 있습니다. 이등도 아니고 일등만 고집합니다. 제일 비싼 곳에서 돈을 제일 많이 주고 사 온 최고의 재료로 음식을 만듭니다. 왜일까요? 자기에게 오는 손님들에게 최고로 맛있는 음식을 대접할 뿐만 아니라 건강까지 선사해 주기 위해서입니다. 과연 이 식당에 손님이 많을까요? 아니면 적을까요? 예약하지 않으면 들어갈 수 없을 정도로 손님이 많습니다.

식당 주인이 누구의 유익을 구했습니까? 그는 자기 유익을 먼저 구하지 않았습니다. 식당을 찾는 손님들의 유익을 위해 최고의 재료로 만든 최고로 맛있는 음식과 최고의 서비스를 제공했더니 결국 그것이 그의 유익으로 돌아온 것입니다. 자기 유익을 구할 때보다 더 큰 유익으로 돌아왔습니다.

SUNY Korea에 매년 1억씩 장학금을 지원해 주고 있는 독지가가 있습니다. 재미교포 사업가입니다. 한국에서도 사업을 하고 있는데, 자기 자신을 위해서는 돈을 거의 쓰지 않습니다. 호텔 같은 곳에서 식사하는 일은 거의 없고, 늘 김치찌개 같은 것으로 소탈하게 식사합니다. 그러면서도 그분이 미국 출장을 갔을 때는 뉴욕 캠퍼스에서 공부하고 있는 본인이 후원하는 학생들을 불러내 근사한 레스토랑에서 식사를 대접하고, 백화점에 데리고 가서 추운 겨울을 따뜻하게 보낼 수 있도록 학생들에게 비싼 오리털 점퍼를 사 주기도 했습니다. 송도 캠퍼스를 방문할 때면, 기사가 운전하는 고급 승용차를 타고 다녀도 될 만한 재력가인데도 서울에서 지하철과 버스를 갈아타고 옵니다. 그렇게 아껴서 벌어 모은 귀한 재산을 학생들을 위해 기꺼이 내놓는 것입니다.

알고 보면, 예수님의 일이란 그리 어려운 일만은 아닙니다. 당장 아프리카 선교사로 떠나라는 것도 아닙니다. 신학대학에서 공부한 후에 목회자가 되라는 것도 아닙니다. 삶의 현장에서 묵묵히 자신의 유익을 구하지 않고 맡겨진 일에 최선을 다하며, 삶을 나누는 주변 동료와 우리의 서비스를 받고 있는 고객의 유익을 구하는 삶을 사는 것입니다. 이것이 우리가 근무지에서 드리는 진정한 예배인 것입니다. 자기 유익을 구하면 자기 일을 하는 삶이요, 다른 사람들의 유익을 구하면 예수님의 일을 하는 삶이 됩니다.

주위에 우리의 도움을 필요로 하는 사람들이 많습니다. 그런 사람들을 도와주고 나누어 주는 삶이 바로 예수의 일을 하는 것입니다. 마태복음 25장 40절에서 예수님은 "지극히 작은 자 하나에게 한 것이 곧 내게 한 것이니라"라고 했습니다.

성경적
성공이란

내가 아는 어느 성공한 크리스천 기업가는 종종 자기 회사 총무 담당자와 비밀스러운 대화를 나누곤 합니다. 속사정을 모르는 신입 직원들은 대표가 직원들의 비밀을 캐러 다니는 것은 아닌지 불신에 가득찬 눈초리로 쳐다보곤 합니다. 대표가 대화를 마치고 나면 슬그머니 회사를 빠져나가 며칠 동안 자취를 감추곤 하니 더욱 이상합니다.

그런데 시간이 지나고 얼마 후 뜻밖의 소식을 듣게 됩니다. 회사 대표가 직원 중 교통사고를 당해서 병원에 입원해 있는 그의 병상을 지켰다거나 부모의 상을 당해 지방에 내려간 직원의 상가에 불쑥 나타났다거나 하는 소식입니다. 그런 이야기를 처음 듣는 직원들은 깜짝 놀라곤 합니다.

세상적으로 성공한 사람들은 대개 두 가지 특징을 보입니다. 첫째, 거래를 참 잘합니다. 조금 투자해서 많이 벌어들이는 방법을 압니다. 그런 방법에 능숙할수록 지혜롭다고 생각하고, 그것이 곧 인격이라고 여깁니다. 성공한 사람의 관심은 자신의 성공적인 삶에 있습니다.

둘째, 매우 바쁩니다. 생산성이 가장 중요한 기준이기 때문입니다. 심지어 사람을 만날 때도 생산성을 따집니다. 같은 시간에 이 사람을 만나는 게 좋을지 아니면 저 사람을 만나는 게 더 좋을지 계산하고 저울질하여 결정합니다.

앞서 말한 기업가 역시 세상적으로 성공한 사람입니다. 자기 회사에서는 물론 업계에서도 가장 바쁜 사람 중의 한 사람입니다. 그런 그가 사업에 도움이 될 만한 만남을 뒤로 한 채, 어려움을 당한 직원이나 고객과 함께 시간을 보내기란 거의 불가능한 일입니다. 하지만 그는 회사를 세운 그날부터 변함없이 그 일을 실천하고 있습니다. 왜냐하면, 그는 성공할 기회를 잡는 것보다 사랑을 실천할 기회를 잡는 것을 더 중요하게 생각하기 때문입니다.

대인관계에 관한 이야기를 할 때마다 늘 하는 말이 있습니다. 자신에게 필요한 사람만 만나지 말라는 것입니다. 아니, 거꾸로 당신을 필요로 하는 사람을 만나라고 조언합니다. 대개 성공한 사람들은 자기를 만나고 싫어 하는 사람보다는 자신이 만나고 싶은 사람을 만납니다. 그를 만나고 싶다는 사람은 그가 도와주어야 할 사람이고, 그가 만나고 싶어 하는 사람은 자기를 도와줄 사람이기 때문입니다. 자신이 만나고 싶은 사람만 만나다 보면, 자연히 그의 도움이 필요한 약자들을 만날 기회가 줄어들고, 결국 그는 삶에서 중요한 축복의 통로 하나를 잃어버리고 말게 됩니다. 바로 '사랑을 연습할 기회'라는 통로를 말입니다.

우리는 바쁘다는 핑계로 사랑을 실천할 기회를 놓치며 살아갑니다. 그러나 사랑을 연습할 기회를 잃는 것은 인생에서 가장 위험한 일이라고 할 수 있습니다. 그러니 힘들고 어렵더라도, 도움받기를 원하는 사람들을 만나서 돕고, 그들에게 크리스천의 삶을 보여 주십시오. 믿지 않는 사람들이 당신을 통해서 예수를 믿는 계기가 될 수 있습니다. 굳이 복음을 전하지 않아도 됩니다. 삶이 곧 복음이기 때문입니다.

예수님은 세상이 꺼리는 사람들을 기꺼이 만나 주셨습니다. 세리, 창녀, 병자, 가난한 이들과 늘 함께하셨습니다. 예수님의 도움을 절실히 필요로 하는 이들을 만나셨습니다. 나의 도움이 필요한 사람을 만나는 것은 축복입니다. 누군가를 도와줄 수 있다는 것은 축복입니다.

그러려면 시간을 비워야 합니다. 누군가가 도움을 청할 때, 만나서 시간을 나누고, 마음을 나누고, 물질을 나누고, 더 나눌 것이 있다면 아낌없이 나누어야 합니다. 성경은 그렇게 해서 세상의 칭찬을 받으라고 말합니다. 도움을 필요로 하는 사람을 만나는 것이야말로 세상으로 하여금 교회와 성도를 칭찬하게 하고, 예수님을 믿게 할 기회입니다.

SUNY Korea가 키워 내고 싶은 '이 시대가 필요로 하는 인재'란 바로 선한 사마리아인 같은 인재입니다. 그들은 자기가 하고 싶은 일, 좀 더 편히 살 수 있는 일보다 자신을 필요로 하는 손길을 먼저 돌아봅니다. 시대가 안고 있는 고통을 보고, 그에 대한 다양한 응급 조치와 장기 대책을 제공함으로써 그 공동체와 사람을 다시 일으켜 세우는 인재입니다.

SUNY Korea는 여기서 더 나아가 어려운 상황에 놓인 개발도상국 인재들을 초청하여 그들 스스로 자기 나라와 자기 시대를 치유할 리더로 자라가도록 돕고 있습니다. 그들 모두가 '시대가 필요로 하는 실력과 사명감과 인격과 영성을 갖춘 인재', 즉 현대판 선한 사마리아인으로 빚어져 가고 있습니다.

나는 이것을 '선한 사마리아인의 쌍방성' 혹은 '이웃 사랑의 쌍방성'으로 칭하곤 합니다. 선한 사마리아인을 만나 살아난 사람이 그가 행한 것을 보고 배워서 다시 누군가에게 선한 사마리아인이 되어 줄 수 있기 때문입니다. 진정한 성공이란 이렇게 선한 사마리아인처럼 나를 통해 더 많은 사람을 살리고 더 많은 사람에게 유익을 끼치는 것입니다.

혹시 우리 중 아직도 세상적 기준으로 돈을 많이 벌고 지위가 높이 올라가야만 성공한 것으로 생각한다면 그것은 자기의 유익만을 구하는 것이고 땅의 일만 생각하는 것입니다. 세상적으로 볼 때는 돈 많이 벌어서 부자가 되고 출세해서 성공한 것처럼 보여도, 자기 이익만 추구한 결과라면 그것은 십자가의 원수로 행한 것이고 실패인 것입니다.

크리스천에게 있어 성공의 개념은 세상 사람들의 기준과는 달라야 합니다. 크리스천에게는 각자 하나님의 부르심, 즉 사명이 있습니다. 하나님이 나를 통해 하기 원하시는 일이 사명인데, 사명의 한자 뜻을 살펴 보면, 심부름 사(使)에 생명 명(命)입니다. 우리는 각자 심부름을 받고 태어난 생명이라는 것입니다. 그러므로 크리스천에게 성공적인 삶의 의미는 하나님이 나를 통해 하시기 원하시는 일, 즉 사명을 이루기 위해 최선을 다하는 삶인 것입니다. 그것이 곧 예수의 일입니다.

예수의 일은 자신의 유익을 구하지 않고 남의 유익을 구하는 것입니다. 따라서 우리의 삶에서 성공의 평가 기준은 세상적 평가 기준에서 자신의 유익보다 얼마나 남의 유익을 구하면서 살았는가, 얼마나 사회에 선한 영향력을 끼치고 많은 가치를 창출하며 살았는가로 바뀌어야 합니다.

인생에서 진정으로 성공한 사람은 나중에 우리가 하나님 앞에 섰을 때 하나님으로부터 "착하고 충성된 종아!"하고 칭찬받는 사람입니다. 그렇게 하나님으로부터 칭찬받기 위해서는 세상에서 사는 동안 자기 일이 아니라 예수의 일을 해야 합니다. 나 자신의 유익만을 추구하지 않고 더 많은 사람들에게 유익을 끼치는 삶을 살아야 합니다.

'하나님,
왜 저입니까?'

    대덕연구단지 연구원 시절 다른 사람이 볼 때는 소위 잘 나간다고 생각할 때, 내 마음속에는 두 가지 큰 갈등이 일고 있었습니다. 미국에서 박사 학위를 받고 돌아와서 남들이 부러워하는 연구원으로 일하면서 나는 남보다 4~5년 먼저 진급했고, 일찌감치 굵직한 과제를 맡아 책임지는 자리여서 연구비도 많았습니다. 하지만 정작 내게는 만족이 없었습니다. 그 이유는 연구가 과연 나의 천직인가 하는 것과 물질적 한계에 관한 것이었습니다.

나는 공학박사이자 연구원으로서 실력 부족을 여실히 깨달았습니다. 연구원 일을 하려면 공부하는 걸 좋아해야 하는데 나는 공부를 싫어했습니다. 공부는 내 적성에 맞지 않는 일이었습니다.

또 연구원으로서 평생 월급쟁이 생활을 해 봤자 집 한 채 겨우 살까 싶은 마음에 내면의 갈등이 심했습니다. 개인적으로 경제적인 어려움도 닥치면서 가족을 제대로 부양할 자신이 없었습니다.

그렇게 가난한 심령이 되었을 때, 하나님이 나를 찾아와 주셨습니다. 말씀을 통해 하나님 나라에 관해 배우고, 복음에 관한 사명을 깨닫게 되었습니다. 큰 틀에서 인생을 바라보게 된 덕분입니다. 인생에 하나님 나라의 회복과 건설이라는 중차대한 사명이 있음을 깨달았습니다. 사명의 열정으로 살기 시작하면서 연구원 원장이 되었고, 대학교 부총장이 되었으며, SUNY Korea의 총장까지 오게 되었습니다.

하나님께 왜 하필 나를 선택하셨는지 여쭈어 본 적이 있습니다. 대덕 연구단지에 나보다 실력이 뛰어난 훌륭한 과학자들이 얼마나 많은데, 나보다 인물이나 인품이나 집안이 더 좋은 사람이 얼마든지 있는데 왜 나를 선택하셨는지 궁금했습니다. 나는 인간적으로 평범하다 못해 약점투성이인데 왜 내게 하나님의 일을 맡기시는지 알 수가 없었습니다.

그러자 하나님이 두 가지로 답해 주셨습니다. 먼저, 예수님의 제자들을 보게 하셨습니다. 예수님의 제자들은 정말로 평범한 사람들이었습니다. 세상의 기준에서 보면, 이해가 안 될 정도로 평균 이하인 사람도 있었습니다. 그러나 예수님은 그들을 제자로 선택하셨습니다. 하나님이 이렇게 평범하고 부족한 나를 선택하신 것도 하나님의 은혜라고 밖에는 달리 설명할 길이 없습니다.

두 번째로 하나님은 고린도전서 1장 말씀을 통해 그 답을 주셨습니다. 사도 바울은 고린도교회를 향하여 이렇게 말했습니다.

^{26}형제들아 너희를 부르심을 보라 육체를 따라 지혜로운 자가 많지 아니하며 능한 자가 많지 아니하며 문벌 좋은 자가 많지 아니하도다 ^{27}그러나 하나님께서 세상의 미련한 것들을 택하사 지혜 있는 자들을 부끄럽게 하려 하시고 세상의 약한 것들을 택하사 강한 것들을 부끄럽게 하려 하시며 ^{28}하나님께서 세상의 천한 것들과 멸시받는 것들과 없는 것들을 택하사 있는 것들을 폐하려 하시나니 ^{29}이는 아무 육체도 하나님 앞에서 자랑하지 못하게 하려 하심이라 **고린도전서 1:26~29**

그렇습니다. 하나님은 어느 누구도 하나님 앞에서 자랑하지 못하게 하시려고 세상의 미련하고 약한 것들을 택하사 지혜 있고 강한 것들을 부끄럽게 하신다고 말씀하셨습니다.

나는 참 어려운 환경에서 태어나 자랐습니다. 이북에서 혼자 내려오신 아버지 밑에서 자라 친척은 외가 식구가 전부였습니다. 대학에 입학하자마자 아버지가 사고로 돌아가시는 바람에 졸지에 가장이 되어 두 여동생과 어머니를 책임져야 했습니다. 그때부터 돈을 벌어 가면서 공부해야 했고 유학은 꿈도 꾸지 못할 형편이었습니다.

사실 미국에서 아무리 장학금을 준다 해도 나는 가족을 책임져야 했고, 책임질 가족을 두고 유학을 가는 것이 도리가 아니라고 생각했습니다. 하지만 아버지의 유언은 아니었지만, 그분이 평상시에 젊은 과학자들을 보면서 우리 아들도 과학자가 됐으면 좋겠다고 늘 말씀하시던 것을 기억하고 있었고, 어머니가 유학을 다녀오도록 큰 결심을 해 주셨기에 떠날 수 있었습니다.

세상적인 눈으로 보면, 돈도 없고 그럴싸한 배경도 없는 사람이었습니다. 그런 내가 하나님 나라를 건설하는 데 쓰임 받는 일꾼이 되어 살아가고 있습니다. 하나님은 미련한 자를 택하여 지혜로운 자들을 부끄럽게 하시고, 약한 자를 택하여 강한 자들을 부끄럽게 하십니다. 나는 평범한 사람들, 어떤 면에서는 평균 이하의 사람들에게 희망을 주는 존재가 되길 원합니다. 그들도 하나님께 붙들리면, 세상을 바꿀 만한 위대한 인물이 될 수 있음을 보여 주는 도구가 되길 원합니다. 그들과 함께 하나님 나라를 건설하는 데 쓰임 받는 사람이 되기를 간절히 희망합니다.

보람 있는 고생
끝에
주님이 있다

SUNY Korea를 경영하는 데 있어 아직도 많은 도전과 해결해야 할 난제들이 있습니다. 잠시도 머리를 쉴 수 없을 만큼 복잡한 일들이 이어집니다. 그러나 학생들만 생각하면, 피곤이 사라지고 힘이 납니다. 나는 알았습니다. 하나님이 이곳으로 나를 보내면서 주신 모세의 지팡이 같은 무기는 바로 아이들을 향한 사랑이라는 것을 말입니다. 무거운 짐과 고민을 짊어지고도 넉넉히 버티는 것은 하나님이 내게 아이들을 향한 넘치는 사랑을 주신 덕분입니다.

2016년 한 해 동안, 내 마음이 몹시도 조급했습니다. 졸업을 앞둔 학생들이 내가 기대했던 것만큼 성장하지도, 변화하지도 않아 보였기 때문입니다. 변해 가는 학생들을 볼 때는 너무나도 기쁘고 좋았지만, 사랑의 양분을 아무리 부어 주어도 변하지 않는 돌덩어리처럼 차가운 학생들을 보면 마음이 무너졌습니다.

하나님이 불안해하는 나를 위로해 주셨습니다. "완벽할 필요 없다. 내 아이들은 내가 알아서 키운다"라고 하시며 그저 내가 이 자리에 서 있는 것만으로도 기뻐하심을 느낄 수 있었습니다.

이 길에 서기까지 주님은 참으로 오랜 세월 나를 만져 오셨습니다. 단단한 성으로 둘러친 내 삶에 들어오셔서 내 안의 헛된 의를 모두 부수어 가루로 만드시고, 당신의 피로 다시 반죽해 주셨고, 원하시는 형상으로 빚어 가셨습니다. 세상의 온갖 때로 범벅된 질그릇 같은 나를 포기하지 않으시고 닦아 주셨습니다. 견딜 수 없이 아프고 힘이 들어 포기하고 싶을 때도 있었지만, 주님은 나를 끝까지 놓지 않으셨습니다. 그리고 주님의 영광으로 덧입혀 주셔서 기어이 이 자리에 세워 주셨습니다.

나를 세우시는 과정이 길고 험난했던 것만큼이나 지금의 대학 교육은 그야말로 캄캄합니다. 빛의 증인이 되어야 할 젊은이들이 기성세대의 무지함으로 인해 세상 어둠의 포로가 되었습니다. 주님은 그들을 구하기 위해 나를 먼저 광야로 보내셨습니다. 그리고 학생 하나둘씩 내게 보내셨습니다. 세상에서 박탈감에 시달리고, 누군가가 달려와 구해 주기만을 간절히 기다렸던 학생들을 주님이 내게 맡기셨습니다.

그들을 내게 맡기시려고, 하나님은 내가 가고 싶어 했던 모든 길을 막으셨습니다. 내 눈에 빛나고 좋아 보였던 모든 길을 막은 채 이 길로 향하게끔 하셨습니다. 이제야 알았습니다. 내가 꿈꾸었던 참 소망, 내가 만나고 싶어 했던 참 기쁨과 보람이 바로 이 길 위에 있다는 것을 말입니다. 세상은 절망이라고 말하는 광야 한복판에 주님이 숨겨 놓으신 빛의 길이 있다는 사실을 깨달았습니다.

믿는 자에게 인생은 광야입니다. 그런데 광야에 들어갈 때, 혼자 들어가는 사람과 그곳을 잘 아는 이의 도움을 받으며 들어가는 사람의 삶이 똑같을 수 있을까요? 전지전능하신 하나님은 왜 굳이 모세를 앞세워 자기 백성을 애굽에서 끌어내어 광야로 인도하셨을까요?

지혜를 얻으라고 하신 것입니다. 광야와 같은 인생을 살려면, 인도자가 필요함을 깨닫게 하려 하신 것입니다. 그래서 모세를 세우시고, 그를 통해 하나님이 직접 자기 백성을 이끄셨고, 광야를 통과해 마침내 약속의 땅 가나안으로 들어가도록 인도해 주셨습니다.

인생은 고생길이라는 말이 있습니다. 죽도록 고생만 하고 보람이 없을 때, 생고생한다고 말합니다. 만일 우리 인생이 그처럼 생고생으로 끝난다면 얼마나 허무할까요? 그래서 우리는 고생하지 않으려고 노력합니다. 이왕이면 편하게 살기 위해, 가능한 한 고생스러운 상황을 피하려고 애씁니다. 자녀에게 공부를 열심히 하게 하는 이유도, 젖먹이 때부터 영어 노래를 듣게 하고, 어른이 되기 전에 최대한 많은 스펙과 훈장을 만들어 주는 것도 사회에 나가서 고생하지 않게 하기 위한 것입니다.

그러나 내 경험에 비추어 보면, 그것은 다 소용없는 짓입니다 아무리 피하려고 해도 살면서 부딪히는 문제들을 피할 수 없고, 고생을 면할 수 없다는 것이 내가 내린 결론입니다. 고양이를 피하려다가 범을 만난다고 했습니다. 피할 수 없는 고생을 피하려다가 오히려 생고생하는 경우가 더 많습니다.

나만 해도 그랬습니다. 아무리 노력해도 내 맘대로 되는 일이 별로 없었습니다. 성적은 남들과 비교하면 나쁘지 않았지만, 내가 원하는 고등학교에 진학하지 못했습니다. 대학도 직장도 내가 원하던 곳으로 가지 못했습니다. 아버지가 일찍 돌아가시면서 내 인생은 고생 그 자체였습니다. 유학 시절에 했던 고생은 생각하기도 싫습니다.

30대 중반에 주님을 만났습니다. 이제 고생은 끝이라고 생각했습니다. 그런데 반대였습니다. 감당할 수 없는 상황들이 더 몰려왔습니다. 주님의 인도하심을 따라가는데도 내 삶은 고생이 점령해 버렸습니다. 그래서 인생은 곧 고생이라는 사실을 알게 되었습니다.

어떻게 하면, 이 고생스러운 인생에서 보람과 행복을 느끼며 살 수 있을까요? 내가 내린 결론은 단 하나입니다. 하나님이 우리에게 허락하신 삶이 고생이라면, 의미 있고 보람 있게 고생하는 편이 낫다는 것입니다.

크리스천에게 보람된 고생이란 무엇입니까? 하나님이 기뻐하시는 일을 하는 것입니다. 하나님이 나를 통해 하고자 하시는 일, 즉 나를 향한 하나님의 뜻이 담긴 그 일에 매진할 때 겪게 되는 고생은 보람됩니다.

내 삶이 바로 그 증거입니다. 지난 수년간 SUNY를 한국에 유치하고,

기틀을 잡느라 무척 바쁘고 힘든 시간을 보냈습니다. 학기마다 고비가 찾아오곤 했지만 지금 와서 돌아보니, 내가 어떻게 그 모든 일을 감당해 냈는지 아득하기만 합니다. 하나님의 은혜가 없었다면 한 가지도 이루지 못했을 것입니다.

앞으로 해결해야 할 과제는 재정적인 자립입니다. 두려움에 사로잡혀 하나님과 씨름하듯 기도한 적도 있습니다.

"하나님, 청년들에게 하나님 안에서 누리는 행복에 관해 말해 주어야 할 사람이 낙담해서야 되겠습니까? 어려운 환경에서도 기쁨을 잃지 않는 삶을 보여 줘야 할 텐데, 두려움이 몰려옵니다. 내 사정을 아시지 않습니까? 이겨 낼 힘을 주십시오. 그래야 사도 바울이 옥중에서 외쳤던 대로 청년들에게 '주 안에서 항상 기뻐하라 내가 다시 말하노니 기뻐하라'(빌 4:4)라고 떳떳하게 선포할 수 있지 않겠습니까? 진실하게 독려할 수 있지 않겠습니까?"

예수님의 말씀을 떠올리며 간절히 기도했습니다.

²⁸수고하고 무거운 짐 진 자들아 다 내게로 오라 내가 너희를 쉬게 하리라 ²⁹나는 마음이 온유하고 겸손하니 나의 멍에를 메고 내게 배우라 그리하면 너희 마음이 쉼을 얻으리니 ³⁰이는 내 멍에는 쉽고 내 짐은 가벼움이라 하시니라 **마태복음 11:28~30**

말씀에서 위로받으면서도 계속되는 어려움에 좌절하기를 반복했습니

다. 왜 나는 사도 바울처럼 기뻐할 수 없는지 괴로워하며 하나님께 의지했습니다. 오랜 씨름 끝에 하나님이 응답해 주셨습니다. 바울에게는 죽음의 영성이 있었음을 일깨워 주신 것입니다. 그는 자신이 날마다 죽는다고 고백했습니다(고전 15:31). 그러면서 내게 갈라디아서 말씀을 주셨습니다.

내가 그리스도와 함께 십자가에 못 박혔나니 그런즉 이제는 내가 사는 것이 아니요 오직 내 안에 그리스도께서 사시는 것이라 이제 내가 육체 가운데 사는 것은 나를 사랑하사 나를 위하여 자기 자신을 버리신 하나님의 아들을 믿는 믿음 안에서 사는 것이라 **갈라디아서 2:20**

"내가 그리스도와 함께 십자가에 못 박혔나니"의 영어 성경(NIV), "I have been crucified with Christ"를 보면 뜻이 더 명확해집니다. "I was crucified"가 아니라 "I have been crucified"입니다. 즉 바울은 그리스도를 구주로 믿는 순간에, 예수님과 함께 십자가에 '못 박혔다'고 과거 사건을 말하는 데 그치지 않고, '못 박혀 있다'고 현재완료형으로 말함으로써 날마다 죽음을 경험하고 있음을 말한 것입니다.

그것이 나와 사도 바울의 차이였습니다. 바울의 깊은 영성은 날마다 십자가에서 죽음으로써 얻어진 것이었습니다. 내가 날마다 죽음으로써 내 안에 그리스도께서 온전히 사신다면, 무슨 걱정이 있겠습니까? 내게 필요한 것은 날마다 죽는 연습, 즉 매일 십자가에 못 박히는 훈련이었습니다. 이것을 내게 말씀해 주신 것입니다.

그리고 하나님이 "네가 사회생활 하면서 가장 마음 편했던 시절이 언제였느냐?"라고 물으셨습니다. 곰곰이 생각해 보니, 건국대학교에서 부총장으로 일할 때가 가장 좋았습니다. 왜냐하면, 학교 운영에 관한 모든 책임은 총장의 몫이고, 나는 맡은 일만 충실히 하면 되었기 때문입니다. 그처럼 현재 내 인생의 모든 문제는 하나님께 맡겨야 함을 깨달았습니다.

깨달음을 얻은 뒤부터 새로운 기도 습관이 생겼습니다. 아침마다 두 가지 제목으로 기도를 마무리합니다. 첫째는 십자가에서 죽는 하루가 되기를 바라는 것입니다. 둘째는 그럼으로써 내 안에 그리스도께서 온전히 사시기를 바라는 것입니다.

주님이 내 인생의 주인이십니다. 나는 주님의 명을 따를 뿐이므로, 모든 문제와 모든 어려움을 주께 맡깁니다. 주님이 해결해 주실 것을 믿고, 믿음의 눈으로 하나님이 간섭하시어 문제를 풀어 주시는 것을 바라봅니다.

지금 나는 어느 때보다도 행복합니다. 앞으로의 시간 또한 지금과는 비교도 할 수 없을 기쁨과 행복감으로 충만한 시간이 될 것을 믿어 의심치 않습니다. 주님이 내게 명령하신 고생의 끝, 그 끝에서 나를 기다리는 기쁨이 있음을 알기 때문입니다. SUNY Korea 졸업생들이 세상 한가운데서 일궈 낼 긍정적 변화와 그 덕분에 변화될 더 나은 세상을 바라보는 기쁨이 나를 기다리고 있습니다.

나는 하나님을 처음 만난 그날부터 지금까지 하나님 앞에서는 늘 어린

아이와도 같습니다. 모든 일을 주님께 맡기고, 나는 필사적으로 노력할 뿐입니다. 물론 모든 일이 늘 마음대로 되는 것은 아닙니다. 하지만 때때로 위급한 상황에서 나 자신도 믿을 수 없을 만큼 태평한 나를 발견하곤 합니다. 주님의 은혜가 있기 때문입니다.

주님의 동행하심만이 내 성장과 모든 일의 완성임을 믿습니다. 그래서 누가 내게 "성장의 비결이 무엇이냐?"고 묻는다면, 나는 이렇게 대답할 것입니다.

"인생은 혼자 가는 게 아니니까요. 이 분야 최고의 전문가께서 나와 항상 동행해 주신 덕분입니다."